Família & Negócios

Nota explicativa

As informações contidas na coluna "Caso Real" têm apenas o intuito de ilustrar conceitos teóricos mencionados no livro com situações reais, não representando, portanto, qualquer interpretação ou crítica do autor. Todas as informações apresentadas foram extraídas de matérias de jornais ou revistas, veículos aos quais foram atribuídos os respectivos créditos. Servem, portanto, apenas para ilustrar de forma educativa, não tendo o autor nenhuma responsabilidade sobre o conteúdo das informações citadas.

Família & Negócios

Um caminho para o sucesso

René A. Werner

Manole

Projeto Gráfico:
Nelson Mielnik e Sylvia Mielnik

Editoração Eletrônica:
Acqua Estúdio Gráfico

Capa:
Claudia Werner (criação)
Valéria Asker Ferreira (composição gráfica)

CIP-BRASIL. CATALOGAÇÃO-NA-FONTE
SINDICATO NACIONAL DOS EDITORES DE LIVROS, RJ.

W525f

Werner, René A.
Família & negócios : um caminho para o sucesso / René A. Werner. - Barueri, SP: Manole, 2004

Inclui bibliografia
ISBN 85-204-1652-7

1. Empresas familiares. 2. Empresas familiares - Administração. I. Título.

03-2142 CDD 658.114.1
CDU 658.114.1

1ª edição brasileira – 2004

Direitos adquiridos pela:
Editora Manole Ltda.
Avenida Ceci, 672 – Tamboré
06460-120 – Barueri – SP – Brasil
Fone: (0__11) 4196-6000 – Fax: (0__11) 4196-6021
www.manole.com.br
info@manole.com.br

Impresso no Brasil
Printed in Brazil

Sobre o autor

René A. Werner

- Formado em Filosofia pela Columbia University (1974), realizou cursos de pós-graduação na Inglaterra, Israel e Estados Unidos.
- Recebeu seu Bachelor of Hebrew Letters do Jewish Theological Seminary of New York em 1974 e seu diploma como Rabino do Leo Baeck College de Londres em 1979.
- Participou de cursos de especialização e pós-graduação na Universidade de São Paulo, Fundação Getulio Vargas.
- Participou do Programa de Desenvolvimento Gerencial (PMD66) na Harvard Business School em 1992.
- Docente do curso de Empresas Familiares e Empreendedorismo do MBA da Universidade de São Paulo – FEA – Ribeirão Preto.
- Membro do Instituto Brasileiro de Governança Corporativa.

- Membro de Conselhos Consultivos e Familiares.
- Membro da Family Business Network.
- Membro do Comitê Internacional do Family Firm Institute.
- Membro do Advisory Board da Fiducia Asset Management.
- Coordenador do livro *A Indústria de Tintas no Brasil, Cem Anos de Cor e História* publicado pela ABRAFATI.
- Atua na direção de entidades filantrópicas.
- Articulista e palestrante nacional e internacional
- Articulista em sites da Internet.

Tempo de nascer e tempo de morrer;
Tempo de plantar e tempo de colher;
Tempo de eliminar e tempo de curar;
Tempo de derribar e tempo de edificar;
Tempo de chorar e tempo de rir;
Tempo de prantear e tempo de saltar;
Tempo de espalhar pedras e tempo de juntar pedras;
Tempo de abraçar e tempo de afastar-se;
Tempo de buscar e tempo de perder;
Tempo de guardar e tempo de deitar fora;
Tempo de rasgar e tempo de coser;
Tempo de estar calado e tempo de falar;
Tempo de amar e tempo de aborrecer;
Tempo de guerra e tempo de paz.

(adaptado do Eclesiastes, Capítulo 3)

Sumário

Agradecimentos

Escrever um livro sobre empresas familiares é um grande desafio, considerando-se a diversidade de grupos empresariais existentes no Brasil e no mundo. Este livro não tem como objetivo dar respostas únicas aos que nele procuram encontrar uma solução para os seus questionamentos, ou mesmo apresentar receitas para eventuais conflitos, mas sim ser o início de uma reflexão sobre os aspectos que regem a dinâmica da empresa familiar.

A meus pais, Ismar e Nora, fica o reconhecimento de um esforço por uma vida marcada pela retidão e por um exemplo de dedicação aos valores humanos sem os quais nenhum ser vivo pode almejar fazer parte de uma vida comunitária.

O preparo acadêmico construído ao longo de várias leituras e cursos sobre o tema e a oportunidade de conviver durante quinze anos em uma empresa familiar (Sumaré Indústria Química S.A.) me permitiram reunir elementos que constituem uma importante base para a compreensão dos diversos aspectos de uma empresa familiar. Agradeço a Oscar Windmüller, por ter compartilhado a sua experiência.

Agradeço especialmente a minha esposa, Claudia Werner, que durante todos estes anos foi um suporte inabalável para minha trajetória profissional e pessoal. Sem os seus conselhos seria impossível imaginar viver de forma produtiva todos estes anos em que os desafios não foram escassos. O trabalho expresso na capa deste livro é um testemunho de sua criatividade e talento.

A Jonathan e Daniel, nossos filhos, o meu contentamento por tê-los sempre ao nosso lado, compartilhando momentos de alegria e de frustração, sempre com perguntas instigantes e em busca de respostas. A eles, o desejo de que nunca deixem de questionar o que é certo e errado na busca de seus valores.

Clientes e participantes de minhas palestras constituíram uma fonte inesgotável de experiências pessoais para este trabalho e para o reconhecimento de que, sem empreendedores familiares, não haveria progresso. Uma palavra de carinho aos alunos da Universidade de São Paulo (MBA-FEA/RP), que participaram de minhas aulas e avaliaram na prática grande parte deste material. Ao Prof. Dr. Alberto Borges Matias, verdadeiro agente de mudanças no mundo empresarial, o meu reconhecimento por ter me estimulado a escrever minhas idéias. À Editora Manole, o agradecimento por ter acreditado nelas. A Simone Azevedo, competente jornalista, um agradecimento especial pelo seu esforço em transformar minhas idéias abstratas nos conceitos legíveis que vocês verão a seguir.

René Werner

Prefácio

René Werner há muito se dedica às empresas familiares e este livro traz de forma sistemática, objetiva, pragmática e clara a experiência colecionada por ele ao longo dos tempos. Vale dizer que o próprio autor é egresso de uma sociedade familiar, na qual trabalhou por anos a fio e passou a sentir na pele as satisfações e agruras do negócio familiar. Trouxe ao livro essa bagagem pessoal que se soma à de consultor, que percorre há um bom tempo.

A relação entre a propriedade (família) e a gestão (diretoria) está aqui esmiuçada na exata medida. Embora sejam dois elementos sinérgicos, peculiares, distintos e contundentes, quando propriedade e gestão não se encontram ocorre a derrocada societária, e quando andam em compasso deixam o terreno fértil para o sucesso empresarial.

A obra propicia ao leitor o conhecimento das inúmeras ferramentas disponíveis para o sucesso da sociedade familiar, e os mais diversos elementos, como a governança corporativa e suas melhores práticas, a profissionalização da empresa, a estruturação dos mais diversos conselhos, com especial relevância ao Conselho de Família. Isso demonstra a sua clara utilidade, seja na transparência da empresa para o detentor da propriedade, seja no pragmatismo do preparo da sucessão familiar, assunto sempre polêmico, que não invariavelmente esbarra no mundo jurídico e na vaidade humana.

Aqueles que, como eu, pela experiência profissional já têm o vício de olhar o mundo sob a ótica do binômio legalidade/legitimidade encontram aqui uma boa oportunidade de sentir a "família", a "empresa" e sua combinação de forma mais ampla que as amarras do Direito. Este livro nos mostra as essências dos sentimentos que transpiram dos tópicos abordados.

A vontade de perpetuar o negócio familiar, percepção quase que atávica nos empresários que construíram seus respectivos feudos, faz desta obra um objeto de deleite e estudo, tornando-a também uma leitura obrigatória.

Este livro de René Werner é uma obra multifacetada, dedicada a todos os interessados no dinâmico e inesgotável assunto da empresa familiar.

Nilton Serson
Professor de Direito Comercial da
Faculdade de Direito da Universidade Mackenzie,
da Fundace MBA/USP e membro da
AFHE (Attorneys for Family-Held Enterprises)

Apresentação

Poder ler este livro do Prof. René Werner com a preferência da pré-publicação reforça minha gratidão de contar com sua amizade e partilhar de seu conhecimento. O Prof. René apresenta-nos um compêndio de sua experiência, inicialmente pessoal, ao lado do Dr. Oscar a quem tive o prazer de conhecer, e posteriormente como consultor de inúmeras famílias, brasileiras e estrangeiras. Em leitura agradável, desfilam conceitos formados e transmitidos em suas aulas nos programas MBA, alguns dos quais coordeno e nos quais o Prof. René sempre tem obtido as melhores avaliações – e vejam que sou conhecido pelo rigor nos processos avaliativos de professores e alunos. Este livro reflete o resultado de pesquisas sobre empreendedorismo que o Prof. René tem levantado, realizado e partilhado com seus alunos e amigos. A associação de tal cabedal de conhecimento com uma formação rabínica transforma este livro em uma produção inigualável. E caso o leitor comece a desconfiar dos elogios que aqui faço, confirmo que realmente gostei deste livro e o recomendo. Pode enveredar pelo caminho de sua leitura que o resultado será auspicioso.

Este livro inicia sua primeira parte – Conhecendo a Empresa Familiar – pela apresentação de conceitos fundamentais de empresa familiar, pelos aspectos de controle e gestão, pela exposição dos sistemas identificados na empresa familiar, pelos pontos positivos e negativos da empresa familiar, pelos agentes existentes e intervenientes na empresa familiar, acrescendo-se a exposição de um caso – casos que, unidos às inúmeras histórias citadas, brindam o leitor durante seu percurso – finalizando pela apresentação do ciclo de vida da empresa familiar e aspectos relevantes em cada ciclo.

Em sua segunda parte – Identificando os Desafios de Sobrevivência – o Prof. René apresenta as razões do elevado índice de mortalidade das empresas familiares; expõe o processo sucessório, com recomendações sobre a continuidade do negócio e análise dos conflitos na empresa familiar, permeado por exposição de casos e histórias.

Em sua terceira parte – Implementando Boas Práticas de Governança Familiar – vemos a apresentação de modelos de gestão familiar, a discussão do poder nas organizações familiares, a discussão da informalidade, a discussão da profissionalização, da separação financeira, da gestão do patrimônio familiar, da importância dos controles, da formação de conselhos, da presença da emoção, do relacionamento com os envolvidos na organização familiar e do processo da globalização, discussões também entremeadas pela exposição de casos e histórias.

Em sua quarta parte – Aspectos Práticos de Governança Familiar – assistimos a um agradável programa de entrevistas no qual o autor responde às principais questões usualmente levantadas no relacionamento da Família com os Negócios.

Finaliza o autor com a apresentação de bibliografia complementar de consulta, demonstração de sua retidão e simplicidade.

Boa leitura

Prof. Dr. Alberto Borges Matias
Professor Livre-docente da FEARP/USP

Introdução

O que é uma empresa familiar?

A definição de empresa familiar não tem sido uma tarefa fácil para autores e estudiosos do tema em função da diversidade do universo empresarial. Um dos maiores desafios é encontrar uma definição comum.

A empresa familiar não deve ser caracterizada por seu tamanho. Existem empresas de grande porte e outras extremamente pequenas. Um pequeno supermercado do interior do Brasil, por exemplo, pode ser considerado familiar, da mesma forma que um grande grupo empresarial com diversas filiais e dedicado aos mais variados segmentos. Seus problemas, contudo, terminam por ser bastante parecidos.

A empresa familiar pode ser definida como:

I – Aquela que nasceu de uma só pessoa, um *self made man* (empreendedor). Ele a fundou, a desenvolveu, e, com o tempo, a compôs com membros da família a fim de que, na sua ausência, a família assumisse o comando.

II – A que tem o controle acionário nas mãos de uma família, a qual, em função desse poder, mantém o controle da gestão ou de sua direção estratégica.

Independentemente de a participação acionária pertencer a uma ou mais famílias, a empresa familiar se caracteriza por refletir em sua cultura os aspectos que norteiam as relações familiares. Não se pode compreender uma empresa familiar sem antes compreender a dinâmica familiar, assim como não se pode analisar a dinâmica familiar sem antes analisar o seu relacionamento com a sua empresa. A interação desses dois aspectos inseparáveis cria as condições necessárias para estudarmos o todo da empresa familiar.

Uma questão é muito discutida: a empresa familiar pressupõe a gestão da família diretamente no seu dia-a-dia ou a participação, por exemplo, no nível de conselho a transformaria em uma empresa "profissional". Na medida em que a família tem uma atuação direta na empresa, cumprindo a sua função proprietária, ou dela aufere seus rendimentos, a empresa deve ser definida como familiar, uma vez que gestão é apenas um dos aspectos no rol de suas características. É importante saber diferenciar a empresa familiar da empresa empreendedora. Esta última está na primeira geração e, portanto, sob o domínio direto do empreendedor. Já a verdadeira empresa familiar é aquela que ultrapassou a primeira geração e convive com uma pleura de herdeiros e sucessores. Ou seja, uma empresa que vive com elementos que transcendem o espaço do empreendedor.

Em um negócio familiar pode-se notar a gradativa transferência de poder entre gerações até que uma nova geração – particularmente a segunda – assuma, de fato, o controle da empresa. A mera existência de membros da família do empreendedor na empresa não é suficiente para considerá-la uma organização familiar.

Freqüentemente eles ocupam posições de caráter simplesmente operacional, sem acesso ao processo decisório ou participação ativa na definição patrimonial ou estratégica. É importante salientar que inúmeras funções relativas ao processo de governança corporativa somente podem ser exercidas quando a companhia atinge, de fato, a condição de familiar. Isso porque o empreendedor possui mecanismos próprios de gestão que não necessariamente se tornam parte de um processo de gestão coletiva.

Empresas familiares que foram capazes de instituir mecanismos de gestão desde a primeira geração são aquelas que têm tido sucesso em sua consolidação. Empresa familiar caracteriza-se também pela existência de um fundador-empreendedor. Com talentos natos, é ele quem reconhece uma oportunidade de mercado e desenvolve e consolida a atividade mercantil. A partir de seus conhecimentos e experiências práticas, estabelece a forma de conduzir as operações da empresa. Passa a conhecer profundamente seus fornecedores e busca obter o respeito dos clientes. Em função do crescimento da empresa, escolhe colaboradores com base em critérios subjetivos de competência, valorizando essencialmente a lealdade e a confiança. Na maioria das vezes, esses primeiros parceiros são encontrados na própria família.

É em torno dessa pessoa que surge a empresa familiar. Os valores que a norteiam são profundamente pessoais, incorporam a personalidade do fundador, refletem sua cultura e seu modo de agir. As múltiplas facetas do empreendedor transformam-no em um ser polivalente, que ao mesmo tempo é capaz de visualizar um produto ou serviço, produzi-lo, colocá-lo no mercado e auferir seus rendimentos. Ele conhece os riscos e sabe em que investir. Como todo ser humano, acredita que sua vitalidade é contínua, que a empresa é sua fonte de vida e de energia e que sua morte é apenas um problema a ser pensado em um futuro longínquo.

Vale ressaltar, no entanto, que, com o desenvolvimento de estudos sobre a dinâmica dos ciclos da vida e sua interface com a vida empresarial, uma nova geração de empreendedores passa a encarar a sucessão como parte integrante de seu planejamento estratégico pessoal e do planejamento empresarial.

Com o desenvolvimento empresarial, pode-se notar que as empresas familiares passaram a se diferenciar daquelas tidas como "amadoras", ou seja, geridas sem um planejamento e de forma casuísta. Nas empresas familiares "profissionais", o resultado é fruto de um trabalho planejado e os executivos, familiares ou não, valorizam o processo gerencial.

1ª PARTE

Conhecendo a empresa familiar

Elementos intrínsecos: controle e gestão

Controle acionário

Grande parte dos autores considera que uma empresa familiar se caracteriza por sua estrutura acionária. Tal definição pode e deve ser flexível para que inclua mais de uma família, que também constitui o capital social. O conceito de controle acionário é fundamental, uma vez que se atribui o poder de gestão aos acionistas majoritários. Hoje, com o advento dos direitos e obrigações dos acionistas minoritários introduzidos na governança empresarial, o controle acionário não se define mais pela maioria, mas pelo poder de influência. Controle acionário passa a ser, portanto, qualquer posição que permita votar e influir na tomada de decisão. É o domínio da propriedade que reflete sistematicamente o poder de se determinar o futuro da empresa.

Gestão familiar

Na empresa familiar, o controle da gestão está intimamente relacionado com o controle acionário. A presença de um gestor familiar que representa o capital, seja no processo de administração cotidiano ou no plano estratégico, é outra característica importante que define a atuação de uma empresa familiar. A influência dele nos processos administrativos reflete as aspirações da família em relação ao seu posicionamento frente ao capital. A questão da competência *versus* o sobrenome – ou seja, o "peso" de ser um membro da família – é outro ponto importante. Na gestão profissional, as decisões são pautadas por critérios técnicos, objetivos e racionais. Na gestão tradicional familiar, tais decisões são também influenciadas por aspectos emocionais e afetivos. Na década de 1980, o dilema razão *versus* emoção era uma situação clara. Indiscutivelmente, a emoção tomava conta dos negócios. Um dos grandes tabus da gestão familiar é a profissionalização. Sob a premissa de que a competência tem mais valor que o vínculo familiar, há quem defenda que um profissional da família é menos competente que um profissional contratado. É leviana a afirmação de que uma empresa profissional é aquela que não possui membros da família na gestão. Pelo contrário, o que se percebe atualmente como tendência no universo das empresas familiares é uma desaceleração do processo de profissionalização na contratação de terceiros ao mesmo tempo em que, no primeiro e segundo escalões, membros da família são treinados para serem os melhores executivos e para que o patrimônio continue sob a gestão da própria família. A participação de pessoas treinadas tecnicamente e educadas para a função pode influenciar as empresas positivamente. O fato de existirem casos em que membros da família não tiveram sucesso à frente da gestão não é motivo para se desqualificar genericamente o elemento familiar. É importante não esquecer o grande número das empresas profissionais que, com o decorrer do tempo, não sobreviveram e cujos gestores se envolveram em questões de mau gerenciamento, ou mesmo de conflitos de interesse entre a sua carreira e o "bem" da empresa e dos acionistas. Na verdade, essa volta às origens permite concluir que a sobrevivência da empresa familiar como tal depende mais do elemento família do que do elemento empresa.

Sistemas e subsistemas

Uma empresa é um sistema integrado que engloba vários subsistemas. Para compreender sua complexidade, é essencial entender o que compõe cada um deles. Entre os principais subsistemas encontrados na grande maioria das empresas familiares, destacam-se os seguintes:

Sistema patrimonial

Na empresa familiar o patrimônio se caracteriza pela estrutura de capital. A sua composição está intimamente ligada ao capital inicial de seu fundador, seja proveniente de um único sócio, de uma única família ou de uma união de dois ou mais sócios dispostos a formar uma empresa com fins lucrativos. O capital pode ser formado por ativos tangíveis, como dinheiro e imóveis, e ativos intangíveis, como competência técnica ou gerencial.

Sistema financeiro e econômico

Esse subsistema engloba os recursos financeiros disponíveis para a criação de uma empresa. O processo para obter recursos baseia-se no posicionamento da companhia no mercado e na habilidade dos seus mentores de gerar recursos, utilizando seu capital inicial ou mesmo o capital de terceiros. A utilização dos recursos, a política de dividendos (distribuição da renda) e as definições de investimento são elementos que determinam como a família detentora do capital administra o ritmo de crescimento da empresa. O modo de utilização dos recursos originados na companhia expressa o comprometimento da família com o empreendimento.

O aspecto econômico da empresa, ou seja, a gestão de seus ativos, também é parte integrante desse processo. Expectativas otimistas demais costumam atrapalhar a administração financeira e aumentar a vulnerabilidade da empresa. É preciso que a gestão de ativos seja acompanhada de análises bem preparadas de fluxos de caixa futuros, com projeções para cenários diversos e controles de risco.

Sistema gerencial

Uma vez determinada a estrutura patrimonial e a forma como serão obtidos os recursos financeiros, é necessário definir a gestão desses recursos. Na empresa familiar, esses processos estão freqüentemente ligados à atuação da família, do fundador-empreendedor e, com o passar do tempo, também de terceiros, herdeiros, sucessores e profissionais.

Gestão implica definir limites de atuação e autoridade para os membros da família e seus colaboradores. É essencial estabelecer critérios e definir uma visão de risco do que é possível delegar ou não, pois a escolha de gestores está diretamente ligada ao risco na empresa. A má escolha dos gestores, sejam eles familiares ou não, é um dos maiores riscos do sistema gerencial.

Sistema comercial

Para a empresa familiar, esse subsistema simboliza seu posicionamento no mercado. Os princípios de atuação diante de clientes e fornecedores estão relacionados à forma como o fundador ou os fundadores entendem seu relacionamento com os potenciais parceiros.

Na empresa familiar, não é suficiente se posicionar diante de concorrentes e fornecedores sem antes ter clareza sobre a importância da relação dos empreendedores com o mercado. Um dos grandes enganos é acreditar que a empresa representa a família. Na verdade, é a família que inicialmente tem ou não os créditos e o respeito do mercado. Um exemplo disso é quando jovens membros de uma família buscam empreender de forma independente e rápida e se conscientizam de que seu projeto está intimamente ligado ao sucesso e à reputação de seus antecessores. Não importa o ramo de atividade, o passado da família é um fator determinante no desempenho dos integrantes dessa família no mercado, embora também não seja razoável afirmar que é impossível se ter sucesso sem que a geração anterior o tenha conquistado.

Sistema produtivo e tecnológico

Toda empresa depende da sua capacidade de gerar valor agregado para os seus clientes, seja no processo produtivo ou na busca de novas soluções para os serviços prestados. Empresas familiares de sucesso e visão, comprometidas com o futuro do empreendimento, tendem a investir constantemente na modernização desse processo para assegurar a competitividade. Se a compreensão das tendências futuras não for um dos valores da empresa, o passado não será suficiente para alavancar sua perpetuação. Numa era em que a competição mercadológica está presente em todos os setores empresariais, a competência tecnológica também se transforma em um diferencial capaz de motivar, em grande parte, o sucesso do empreendimento. Tecnologia não se restringe unicamente aos processos produtivos, e deve englobar o processo comercial e a própria gestão. A habilidade de integrar todas essas vertentes é determinante para uma tecnologia vencedora.

Sistema familiar

A influência da família na empresa familiar é uma das vigas mestras de sua sustentação. Esse relacionamento determina os valores da companhia e sua continuidade. A família se constitui do núcleo imediato dos fundadores e de seus agregados diretos e indiretos. Cabe à família, não importando o quanto ela esteja envolvida diretamente na gestão, uma importante quota de responsabilidade com a empresa e seu desempenho. Todo empreendedor está ciente do sacrifício que seu sonho impõe à família e ao convívio familiar. Compete à família dar apoio, de forma que o empreendedor possa realizar a sua missão.

Sistema societário

O sistema societário define as bases de condução dos outros subsistemas. Seus aspectos formais estão definidos pela legislação, tais como quotas de participação no capital social, poderes de gestão e utilização de recursos. Esse subsistema se caracteriza pela existência de uma estrutura jurídica que pode variar desde um contrato social, elaborado de acordo com as normas estabelecidas, até intrincados acordos societários com itens que em muito ultrapassam o escopo do contrato social. A complexidade dos mesmos deve levar em consideração a existência de herdeiros menores, herdeiros legalmente incapazes, sucessores não testados, matrimônios estáveis e instáveis e sócios não-atuantes.

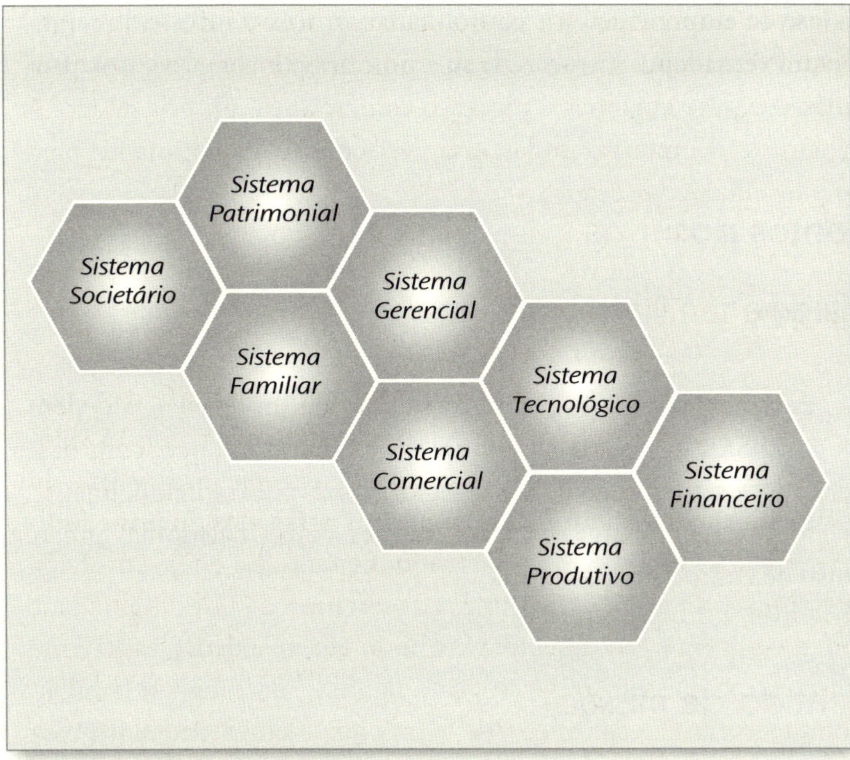

Figura 1.1 - Sistemas e subsistemas.

Uma visão integrada

No momento de definir a empresa familiar, não se pode ser excessivamente otimista nem invariavelmente pessimista quanto à sua existência e futuro. As características positivas de um negócio familiar estão relacionadas, em geral, às qualidades do empreendedor. Pontos negativos costumam ser conseqüência das dificuldades dos processos sucessórios e da transferência do patrimônio e da gestão para as futuras gerações. Os críticos da empresa familiar tendem a enfatizar seus aspectos negativos, as dificuldades e a taxa de mortalidade. No entanto, eles se esquecem de que aquelas que vão além da fase do empreendedor e consolidam o processo sucessório representam verdadeiras histórias de sucesso e dessa forma devem ser tratadas.

Pontos positivos

Valores

Empresas familiares reconhecem que sua sobrevivência depende de valores expressos na cultura e nas atitudes e que, com base neles, deve ser definida a missão da organização. Tradicionalmente, as empresas familiares cultivam valores como harmonia, união, senso de equipe, ética e moral.

Sentido de missão

A capacidade de foco no negócio desde a fundação, suprindo uma lacuna de mercado ou exprimindo a competência dos seus fundadores, tem sido um fator essencial para a manutenção e a sobrevivência das empresas familiares. Para sobreviver no mercado, uma empresa tem de estar ciente de seus objetivos e de sua competência. No caso da empresa familiar, ter uma visão única e saber exatamente o papel da companhia na sociedade são suas vantagens. Membros da família têm uma série de divergências, muitas vezes pessoais, mas ainda assim mantêm uma unidade para que a empresa sobreviva e seja lucrativa. Essa é a visão de muitas empresas familiares e um bom exemplo de administração positiva da emoção em favor do negócio. Assim como a maioria das famílias sobrevive a conflitos, as empresas que se solidificam têm uma vocação que permeia toda a estrutura.

Estruturas bem dimensionadas

A preocupação com a constante evolução do empreendimento transformou as empresas familiares em exemplos de estruturas bem dimensionadas, nas quais a contribuição individual dos participantes é considerada essencial para o sucesso. A empresa familiar caracteriza-se por gente que produz e foi a contribuição desses empreendedores à moderna administração que permitiu a consolidação de conceitos como remuneração participativa e distribuição de lucros. Muito antes de os grandes conglomerados adotarem princípios de gestão que valorizam uma visão global dos processos, os empreendedores já transmitiam a seus familiares a necessidade de serem polivalentes para atuar em todas as áreas da organização.

Poder de decisão – Capacidade de reação

Exercitar decisões de forma abrangente e global, sem ter de responder a terceiros, significa, em muitos momentos de crise, a sobrevivência da empresa e do patrimônio e um dos seus grandes fatores de sucesso. Não ter de dar respostas a pessoas ou estruturas alheias sobre problemas cotidianos típicos de uma administração empresarial é outra contribuição da empresa familiar às modernas técnicas administrativas, que geraram conceitos como unidades de negócios e *intrapreneurship*[1] (o conceito de empreender dentro de uma estrutura predefinida). Por esses modelos, espera-se que os executivos atuem, de modo geral, como se fossem os únicos donos do negócio. Em uma situação de crise repentina, grupos familiares têm mais chances de agir em tempo hábil do que grandes empresas multinacionais. Nas empresas familiares, sempre existe alguém que toma as decisões mais difíceis durante a crise.

1.Termo usado para diferenciar do entrepreneur, que se refere a um empreendedor independente; intrapreneur refere-se a um empreendedor que atua em uma estrutura em que o risco é compartilhado não pelos gestores e sim pelos

Informalidade

O profundo conhecimento de todos os aspectos da empresa e de sua estrutura por parte do empreendedor eliminou, na prática, a necessidade de burocratizar ações administrativas e terminou por desobrigar as empresas familiares da criação de excessivos processos de controle e normas que restringissem a criatividade individual na gestão de negócios. Assim, a informalidade tornou-se uma grande aliada da empresa familiar, capaz de proporcionar condições de trabalho menos burocráticas, reações mais rápidas e apropriadas em situações de crise. A mesma informalidade, contudo, pode ser extremamente negativa para uma empresa quando mal-administrada, como será visto adiante.

Conhecimento de mercado

O empreendedor conhece o seu mercado e sabe quanto vale o seu produto. Sabe de cor quais são seus dez maiores clientes e fornecedores e não precisa produzir um relatório gerencial para obter essa informação. Um bom empreendedor passa pelo escritório, olha em volta da fábrica e sabe dizer se um funcionário não está presente. Verifica a produção e está pronto para constatar seu andamento. Conhecer o negócio e saber analisá-lo sem depender dos computadores é uma importante vantagem da empresa familiar e de seus empreendedores.

Peter Leach,[2] renomado consultor inglês, resume os aspectos positivos da empresa familiar da seguinte forma:

- Comprometimento;
- Conhecimento;

---

acionistas. Podemos afirmar que executivos não-acionistas são por definição *intrapreneurs*.

2. LEACH, Peter. *The BDO stoy hayward guide to the family business*. 2.ed. Londres, Kogan Page Limited, 1994, p. 6.

- Flexibilidade de tempo, trabalho e dinheiro;
- Percepção de longo prazo;
- Cultura estável;
- Processo decisório rápido;
- Confiança e orgulho.

Nota-se uma importante simbiose entre os valores individuais dos participantes de uma família e os aspectos mais relevantes da administração empresarial. A combinação desses fatores é sempre o amálgama que fortalece a empresa familiar. Da mesma forma, a ruptura de um dos aspectos pessoais ou familiares, com a conseqüente perda da unidade, responde por grande parte dos processos de enfraquecimento de um grupo familiar.

Pontos negativos

Gestão centralizada

As características centralizadoras do empreendedor nem sempre são ideais para enfrentar os desafios da continuidade. Ao contrário, podem ser um problema, dado que equipes de trabalho deixam de aprender a decidir e passam a confiar apenas na habilidade do empreendedor, sem compartilhar responsabilidades. Conceitos de Administração Participativa têm sido cada vez mais difundidos nas empresas familiares que planejam sua perpetuação como forma de abandonar a tendência natural de excessiva centralização da gestão. A natureza centralizadora dos empreendedores é, em grande parte, responsável pelas dificuldades pertinentes à transição. Por outro lado, essa mesma característica não é hereditária. Cabe, portanto, aos sucessores desenvolver mecanismos de gestão que integrem a força positiva de um capitão consciente de sua liderança com a coragem de administrar de forma participativa.

Estruturas difusas e limites subjetivos de autoridade

Em razão do alto grau de conhecimento de todos os envolvidos, a estrutura da empresa familiar tende a ser difusa e a exprimir muito mais as relações interpessoais entre os detentores do poder e do capital do que as funções e cargos propriamente ditos. A estrutura organizacional difusa talvez seja o ponto negativo crucial de uma empresa familiar. Nesse caso, não se pode saber quem responde pelo quê. Outro fator bem característico de uma empresa familiar é o limite de autoridade. Em um sistema empresarial hierárquico convencional, por exemplo, as alçadas estão claramente definidas: gerentes de nível A, nível B e nível C, todos com aval para conceder crédito ou aprovar despesas até determinado limite. Já na empresa familiar, os limites são muito subjetivos. É comum haver dois gerentes de vendas com alçadas diferentes. O patrão confia mais em um que no outro e se sente mais confortável em conceder autonomia ao primeiro, por exemplo. Mas decisões subjetivas como essa podem gerar uma série de problemas, inclusive de motivação para os funcionários.

Excesso de informalidade

Se, anteriormente, a informalidade foi considerada algo extremamente positivo quanto ao processo decisório, observa-se que essa mesma informalidade, se excessiva, pode levar à ausência de planejamento formal. A empresa familiar tende a confiar no profundo sentimento coletivo de visão e missão. Assim, considera o planejamento formal um processo desnecessário, uma vez que ele está claro para o empreendedor. Tudo poderia até correr bem se, em algum momento, uma transição não fosse necessária.

CARACTERÍSTICAS POSITIVAS	CARACTERÍSTICAS NEGATIVAS
Visão única	Gestão centralizada
Sentido de missão	Estruturas difusas
Poder de decisão	Limites subjetivos de autoridade
Informalidade	Excesso de informalidade
Capacidade de reação	
Estruturas enxutas	
Conhecimento de mercado	

Quadro 1.1 - Características da empresa familiar.

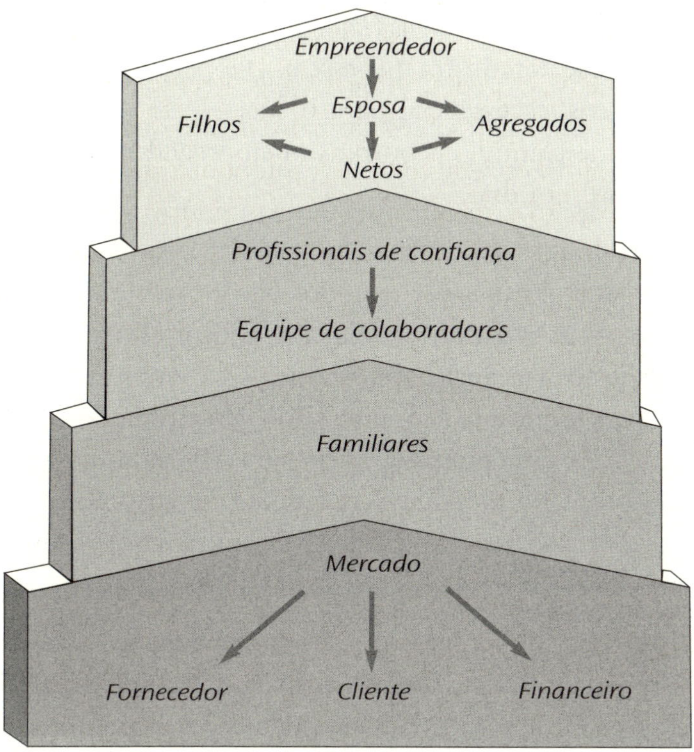

Figura 1.2 - A árvore genealógica da empresa familiar (personagens em cena).

Empreendedor

O empreendedor é alguém especial, cujas características são reconhecidas e as qualidades foram essenciais para o surgimento da empresa. Toda empresa familiar começa com um empreendedor, com alguém de visão. Sua vida é baseada na habilidade de combinar integridade e honestidade com um profundo respeito pelo ser humano. Não é o cargo que determina um bom empreendedor, que pode surgir desde um contínuo até um diretor-presidente, mas características, como:

- **Grande capacidade de trabalho** – essa capacidade se sobrepõe a anseios pessoais, transformando o seu negócio em um *hobby*. Muitos são considerados *workaholics* (viciados em trabalho); mas a realidade demonstra que esse prazer não é um vício, e sim uma característica essencial para o sucesso de seu negócio. É extremamente comum encontrar um empreendedor que trabalhe "25 horas" por dia.
- **Habilidade de auto-sacrifício** – junto com a capacidade de trabalho, esta é uma virtude que o empreendedor tem dificuldade de transmitir a seus sucessores. Afinal, são poucos os que estão realmente dispostos a fazer grandes sacrifícios, e o empreendedor costuma ser aquele que está mais preparado para dispor de sua quota. Normalmente é uma pessoa que veio para o Brasil como imigrante ou um brasileiro humilde e conseguiu montar um negócio. O filho, ao contrário, nasceu cercado por uma situação econômica bem mais favorável e sob a proteção das arestas do pai.
- **Busca contínua do progresso** – o empreendedor costuma ser agressivo e, muitas vezes, pouco simpático. Sua missão é criar a empresa e não necessariamente ser popular. Uma grande diferença entre um executivo-presidente e um empreendedor é que o executivo está preocupado com a sua sobrevivência profissional e o empreendedor, não. Aliás, ao contrário, todo empreendedor

excessivamente popular deixa de ser empreendedor, na medida em que perde o ímpeto da realização. O empreendedor é do tipo que não consegue provocar nas outras pessoas uma atitude neutra em relação a si. Ou estimula atitudes de extrema solidariedade ou reações bastante negativas.

- **Visão e conhecimento prático** – uma das características do empreendedor é sua habilidade de "enxergar" uma oportunidade de negócio e de acumular diversos cargos. É comum vê-lo presente em vendas, compras e em decisões de concessão de crédito.

  Apesar disso, o bom empreendedor dificilmente será também o melhor gestor. A partir do momento que o empreendimento começa a ganhar dimensão, podem lhe faltar características essenciais para o bom desenvolvimento do negócio. Essa deficiência, contudo, é totalmente passível de ser solucionada com a compreensão da dinâmica da empresa e a contratação de especialistas.

  Um exemplo: se perguntado sobre o prazo de retorno do capital investido em uma determinada máquina, com base na taxa de juros e em relação ao Euro e ao Dólar, o empreendedor provavelmente não saberá e não dará importância para a resposta porque não é assim que toma a decisão de comprar uma máquina. O bom empreendedor olha para a máquina e consegue visualizar, sem muitos cálculos, que aquele é um equipamento excepcional, capaz de aumentar a capacidade produtiva da empresa. Não se preocupa muito com o preço desse equipamento, mas com a capacidade da máquina de fazer seu negócio prosperar. Essa é sua maneira de conviver com riscos.

- **A combinação de suas relações pessoais (*network*)** – um grande número de empreendedores inicia suas empresas a partir de um círculo de relacionamento intimamente ligado àqueles que compartilham da sua vocação. É apenas em um estágio mais avançado que o empreendedor passa a se relacionar com pessoas em um círculo mais amplo e a buscar reconhecimento em associações patronais, de classe ou instituições filantrópicas.

Visão única
Capacidade de trabalho
Habilidade de auto-sacrifício
Capacidade de conviver com riscos
Busca contínua de progresso
Competitividade

Quadro 1.2 - Qualidades do empreendedor.

Marcelinho, o nosso engraxate

Ao caminhar por uma das ruas do centro de São Paulo, nós nos deparamos com um menino de aparência muito humilde, carregando aquele típico caixote de madeira com graxa, escovas e flanelas. Sua voz, conhecida por todos, convida os transeuntes a engraxar os sapatos com frases às vezes picantes, às vezes sérias e muitas vezes dirigidas diretamente a um cliente que passa pelo local. Marcelinho sabe que o sucesso do dia depende de sua capacidade de convencer os clientes a lhe darem um minuto de seu tempo. Para obter esse tempo no corre-corre da metrópole, Marcelinho estuda seu potencial cliente, observa atentamente os seus hábitos, memoriza seu nome e, dentro de poucos dias, já sabe como torná-lo freguês.

Marcelinho é ambicioso, vivo como todos que passaram a vida na rua, sobrevivendo de bicos. Sabia que não conseguiria dar conta do serviço sozinho, por isso resolveu trazer para rua seu irmão. Ensinou-lhe os truques do mercado e apresentou-lhe seus clientes. Em poucas semanas, os dois já usavam a mesma camiseta, o caixote pintado e eram acompanhados da irmãzinha que, também convencida pela lábia de Marcelinho, aceitou por uns poucos trocados distribuir papéis aos transeuntes sugerindo "uma graxa para namorar", "uma graxa para falar com o chefe", "uma graxa para ir à missa".

Percebendo que a concorrência com Marcelinho não seria nada fácil, outros engraxates optaram por lhe pedir ajuda e propor parceria. Aos poucos, a dupla de irmãos foi se transformando em uma equipe de engraxates e a pequena área na calçada para o banquinho e o caixote deu lugar a uma barraca. Marcelinho é hoje dono de uma pequena rede de engraxates distribuída pelo centro. Abriu a empresa com ajuda de organizações governamentais. Sai com uma pasta - que ganhou de presente de um cliente – de manhã, compra os produtos para o trabalho, faz a revenda para seus engraxates e depois fica com a comissão.

Os relatos apresentados ao longo do texto, como esta pequena história, são uma representação de fatos verídicos vividos pelo autor ou contados a ele e têm como objetivo compartilhar experiências sem que os personagens sejam objeto de citação pública.

A esposa

A experiência das empresas familiares de sucesso tem demonstrado que a esposa é um personagem extremamente importante na estrutura da empresa familiar, e isso não leva em conta se ela participa ou não do negócio. Tradicionalmente, não existe uma empresa familiar na qual a esposa do fundador não participe, com intensidades distintas, de decisões importantes, uma vez que convive direta e diariamente com ele e com aqueles que o sucederão. Muitas esposas, ao assumirem a função de "sócia silenciosa", passam a ocupar um lugar no organograma da empresa pela sua importância na vida familiar. Muitas se transformam em conselheiras, com o desafio de aconselhar sem se intrometer diretamente nos afazeres do marido. Como esposa, sua função é dar guarita aos anseios do esposo, compartilhar sua esperança e ser um apoio nos momentos de frustração. É comum a esposa ser relegada a um segundo plano durante os momentos de sucesso e subir ao posto de sustentáculo durante os fracassos. A habilidade de ouvir é essencial em uma esposa, e encontrar o momento certo para opinar, um desafio inesgotável. Cabe a ela se preocupar quando não há preocupação aparente e sensibilizar os sócios quando suas ações põem em risco a própria sobrevivência da família.Um importante papel lhe é reservado quando seus filhos começam a entrar na empresa e a assumir gradativamente funções e responsabilidades. De sócia do marido, ela passa a ser parceira e mediadora entre pais e filhos. É sua experiência de vida que lhe ensina a apartar os conflitos entre os filhos e sua habilidade que lhe obriga a mediar sem escolher um lado.

Com a crescente participação das mulheres na vida empresarial, nota-se que muitas esposas têm se transformado em sócias efetivas, atuando em áreas de suporte e naquelas em que falta competência ao empreendedor. As esposas-sócias vêm se tornando uma verdadeira extensão do empreendedor. Maximizam seu potencial e passam a ser uma peça fundamental para a sobrevivência e consolidação do negócio.

No momento da sucessão, a sócia silenciosa ou a sócia ativa se transforma em agente balizador do processo de tal forma que lhe cabe assumir por vezes as rédeas da situação. Cabe ressaltar que a ausência da sócia no processo sucessório pode ser um dos fatores para o fracasso. Infelizmente, a observação de casos mostra que os anos de apoio não a prepararam para assumir uma posição de liderança. Por outro lado, há também esposas que, mesmo longe da rotina empresarial cotidiana, mantiveram-se informadas e preparadas para assumir essa função quando necessário. Ao longo dos últimos anos, histórias de empresas familiares demonstraram que, por melhor que seja o empreendedor, a transição não ocorre de forma satisfatória sem que a esposa exerça sua função com eficiência e integridade.

Maria Carolina, colecionadora de fotos...

Na residência de Maria Carolina, localizada em bairro nobre da cidade, vê-se ao lado do sofá uma foto do casamento de seus pais. O retrato, marcado pela simplicidade da cena, mostra duas pessoas jovens, em frente à capelinha da fazenda, de mãos dadas. Do outro lado do sofá há uma foto de sua filha mais velha. Esplendorosa, posava com o marido à frente de uma linda igreja... A foto do casamento de Maria Carolina, no aparador da sala de jantar, estava acompanhada de uma série de fotos de seus filhos, netos, e de outros momentos que marcaram a sua vida familiar.

Seu casamento com Marcelo já dura trinta anos. Marido exemplar, nunca lhe deixou faltar nada, mas também não incentivou sua participação na empresa. Maria Carolina recorda as inúmeras noites em que se preocupava com a saúde do marido, com o seu mau humor ou quando ele voltava para casa com um entusiasmo exacerbado. Imagina como teria sido se estivesse lá, na empresa, dia após dia, lado a lado.

As fotos são seus diplomas. Elas contam cada momento de sucesso que teve ao lado da família. Chama a atenção uma foto do marido, ao seu lado, discursando na festa de dez anos da empresa. E outras como a do filho sentado na empilhadeira com o macacão da fábrica e a da filha no colo do pai, na sala de reuniões. Maria Carolina sente hoje o peso da idade e as fotos simbolizam o reconhecimento da importância de sua presença na vida desse empresário de sucesso.

Recorda quando ele lhe levou para passear no primeiro Renault Gordini; o domingo em que foram para a represa e Marcelo orgulhosamente lhe perguntou se estaria de acordo com mais alguns sacrifícios para construir a nova fábrica; a festa de 25 anos da empresa cujas fotos retratam Maria Carolina ao lado Marcelo, seus dois filhos, Rafael e Roberto, que hoje trabalham na sala ao lado do pai, e, como não poderia faltar, Lúcia, a menina sapeca que nunca quis estudar e preferia jogar bola com os irmãos empu-

nhando um microfone na comemoração para narrar a história da família. Maria Carolina se sente satisfeita, mas às vezes uma dúvida a angustia. "Será que estes três vão um dia ser capazes de conviverem sozinhos?", pergunta-se. Seu coração de mãe aperta, mas Maria prefere confiar na santa que adorna a mesa de entrada e ter a segurança de que cumpriu corretamente a sua função.

Os filhos

Na medida em que não há seres iguais e, portanto, não há filhos com as mesmas qualidades ou deficiências, cabe ao empreendedor buscar formas de assegurar o bem-estar de todos os seus descendentes da maneira mais equilibrada possível, considerando o seu senso de justiça e sem medir esforços para valorizar os dotes naturais de cada um. Esse processo, em contrapartida, obriga inúmeras vezes a esposa a buscar o equilíbrio familiar – situação descrita em detalhes no episódio bíblico de Jacó e Esaú.

Isaac, pai de Jacó e Esaú, aprecia as características de Esaú: homem de natureza forte e caçador trépido. Já Rebeca, a esposa, valoriza Jacó, mais ligado aos valores intelectuais e caseiro por natureza. Chegada a hora do pai abençoar o primogênito e passar-lhe o manto da responsabilidade, a mãe se desdobra para que Jacó assuma o lugar de Esaú. O conflito só não se torna mais drástico por uma intervenção divina que assegura a ambos igualdade de poder e liderança.[3]

A narrativa permite a admissão de que um pai não ama seus filhos da mesma maneira e que a igualdade não é uma expressão natural do ser humano. A observação da natureza, por outro lado, demonstra que

3. Narrativa com base no texto do Gênesis, Capítulo 27.

esse fenômeno não se repete, uma vez que o reino animal limita-se a assegurar apenas a sobrevivência inicial da espécie e não a manutenção da unidade familiar. Esses conflitos ainda existem hoje na transformação de filhos em herdeiros e sucessores. Herdar a propriedade resultante do trabalho de um empreendedor ou mesmo da riqueza amealhada por seus ancestrais tornou-se um direito inalienável. A legislação além de validar também criou mecanismos para que ficasse impedida, na prática, a possibilidade de deserdar filhos, salvo em condições muito especiais. Mas se herdar é um direito legítimo na cultura brasileira, suceder é um direito adquirido que depende de variáveis como vocação, empatia pelo empreendimento e habilidade interpessoal de conviver com herdeiros e colaboradores. É preciso que o sucessor encontre aceitação do meio em que ele atuará, dentro e fora da empresa. O mercado precisa conhecê-lo muito antes de ele assumir a direção, o que ocorre somente se a sucessão for bem programada. Mais do que ser indicado para a gestão do negócio, o herdeiro precisa ter certeza de estar preparado para dirigir, comandar e liderar. Antes de ser preparado para entrar no mercado, é essencial que o sucessor seja aceito como tal pela própria família. Afinal, a sucessão começa mesmo é em casa. A família precisa referendar a sucessão para que a sociedade empresarial não sinta constrangimento ao fazê-lo.

A escolha entre irmãos, por exemplo, para ser o sucessor do pai pode ser amigável se os demais já tiverem optado por outra carreira. Mas, e se substituir o pai na empresa for um sonho comum? Nesse caso, será fundamental a definição de um critério de escolha claro e transparente, aceitável tanto para o empreendedor (ou para os empreendedores) como para os "candidatos" a sucessão.

Em primeiro lugar, é preciso que o sucessor tenha liberdade para ser autêntico, com estilo e autonomia para imprimir suas características de gestão. Quem fica na direção da empresa também precisa ter a legitimidade conferida por todos os demais. Não se trata especificamente de uma questão de competência, mas de legitimidade. Por exemplo: se um dos filhos é o mais competente, brilhante e excelente administrador, mas visto por seus irmãos como um profissional arrogante e pouco transparente, é provável que ele não consiga gerenciar a família, os direitos e deveres dos demais acionistas e, conseqüentemente, a empresa e o patrimônio. É comum os filhos serem preparados tecnicamente para assumir a gestão dos negócios. Mas é essencial que eles sejam preparados também no seio da família para a tarefa de ser herdeiro.

Marlene e André

Marlene e André são irmãos, ambos potenciais herdeiros de uma importante indústria.

Ela é uma mulher cheia de vida, recém-divorciada, que está aproveitando os momentos de liberdade recém-adquiridos. Seus dois filhos, ainda pequenos, passam bastante tempo na casa dos avós e parecem aceitar a separação da mãe. Ele é casado há mais de dez anos e participa da vida dos filhos quando convocado.

Depois de muitos anos, Marlene e André decidem se encontrar para falar sobre interesses comuns. André sente que Marlene quer assumir a sua parte somente porque tem dúvidas de que poderá manter a mesma qualidade de vida após o divórcio. Para ele, a irmã está entrando em uma vida que nunca lhe pertenceu. Por outro lado, Marlene acredita que, apesar de André ter trabalhado na fábrica anos a fio, ela é uma herdeira tão legítima quanto ele.

– Bom dia André, como você está?

– Ótimo, não podia estar melhor. Mas você sabe como está a situação. O país vai mal e a empresa está dando trabalho. Aliás, Marlene, você tem muita sorte de não ter nada a ver com a fábrica.

Marlene não se surpreende com a recepção de André. Afinal, durante todos esses anos, o irmão nunca demonstrou nenhuma vontade de vê-la por perto. Ao mesmo tempo, tenta entender por que ele estaria tão preocupado com a sua presença na empresa. Desde o começo seus pais diziam que um dia eles seriam sócios!

André, por sua vez, acredita que já deu o recado e que Marlene não voltará a tocar no assunto.

– André – Marlene retoma o assunto –, é interessante você mencionar que a fábrica vai mal. Mas eu vim até aqui exatamente porque o advogado do meu ex-marido levantou alguns dados e disse que a fábrica está dando um ótimo retorno, que os sócios são donos de diversos imóveis e, como eu te dei uma procuração, parece que tudo que você comprou em nome da empresa pode ser objeto de discussão. Sinto muito, mas você deve reconhecer que nunca me convidou para participar de reuniões da empresa e que você e o pai sempre deixaram eu e a mãe de lado.

– Marlene, não seja injusta comigo. Você nunca mostrou nenhum interesse pela empresa. Quando eu te mandava algum dividendo, você nem agradecia o meu esforço. Aliás, só agora você quer a sua parte. O que você imagina, que você vai chegar e assumir o lugar do pai?

– Mas eu ainda nem te pedi nada. Não estou te cobrando. Só estou te informando que você vai ter problemas e que eu não sei por onde começar...

Os "Agregados" (familiares por opção)[4]

A cultura popular atribui uma tônica pejorativa ao adjetivo agregado. No universo das empresas familiares, os agregados podem ser definidos como os que se agregam ao núcleo familiar por meio de um casamento ou relação duradoura. Mais correto, contudo, seria denominá-los familiares por opção, uma vez que escolheram fazer parte do núcleo familiar. As experiências de muitas famílias mostram que os novos valores trazidos pelos familiares por opção muitas vezes produ-

4. A busca de uma alternativa à expressão "agregados" deve-se pela insistência de "D. Mara" que sempre alertava o autor de que o termo é carregado de conotação negativa.

zem desunião e conflito. Por outro lado, genro e nora podem também enriquecer a experiência familiar com novos padrões de comportamento e cultura. Na tradição empresarial brasileira, ainda é mais freqüente genros assumirem posições empresariais do que noras. Muitas vezes elas preferem a presença no lar ou, quando empreendedoras, voltam-se à empresa paterna ou iniciam seu próprio negócio. A análise dos fatores de sucesso dos genros permite notar que muitos deles têm uma relação com o empreendedor-sogro mais amena do que a relação deste com os filhos. Isso é facilmente explicável, uma vez que a vida em comum teve menor duração e os conflitos potenciais são evitados por ambas as partes. A filha-esposa é objeto de preocupação comum e, por sua característica de conviver com ambos, deve transformar-se em mediadora e assegurar o equilíbrio entre as duas famílias. Ao mesmo tempo, a experiência externa que o genro e a nora viveram traz para a relação uma carga emocional bem inferior à da relação entre pais e filhos, de modo que é plausível buscar uma relação profissional entre os envolvidos. Embora os genros pareçam sinônimo de problema, nem sempre isso é verdade. Certa vez, um empreendedor de sucesso definiu as vantagens dos agregados: "com eles eu tenho a opção de convidar ou não a fazer parte do processo; com filhos e filhas, eu não teria opção".

Genros se transformam em problemas na medida em que são percebidos como competentes e fazem concorrência aos filhos do patriarca. Quando não são tão competentes como os filhos, acabam candidatos à sucessão da mesma forma por escolha da filha. Em ambas as situações, passam a ser uma peça-chave no processo sucessório e, portanto, um fator não previsto originalmente durante os anos de formação da família.

Desde que haja uma relação estável, percebida pela família como duradoura, genros e noras podem alimentar o sonho dos sogros de fazer com que o patrimônio chegue à terceira geração. Assim, carregam um peso muito maior do que simplesmente o de serem estranhos na família e, muitas vezes, tornam-se os depositários dos anseios que os próprios filhos não são capazes de realizar. Entre "os estranhos no ninho", os sobrinhos também podem ser incluídos. Apesar de terem crescido muitas vezes com os tios e primos, refletem percepções e valores diferentes. A convivência com primos, significa, de acordo com a experiência, em determinado momento da relação, agregar um irmão ou irmã à relação pessoal sem a mesma cumplicidade. É no seio dessas relações que inúmeros conflitos sucessórios entre descendentes da segunda geração se magnificam.

Uma convivência tumultuada entre primos é facilmente compreensível na medida em que os progenitores não são os mesmos e, muitas vezes, nem mesmo os valores e a cultura coincidem. Grande parte dos conflitos entre primos é resultado de conflitos já existentes na geração anterior.

Luciano e Carminha

Carminha está exultante. Nunca pensou que sua filha mais velha poderia se casar com um menino tão bom. Luciano é tudo o que seus filhos não são. Assumiu uma posição de importância em uma multinacional e promete uma carreira promissora. É tão alegre e competente, que seu marido decidiu convidá-lo para assumir uma posição na fábrica. Luciano, por sua vez, considera a família de sua esposa um exemplo de retidão e de harmonia.

O tempo passa, os netos nascem e Luciano é convidado pelo sogro para assumir uma nova empresa do grupo. Luciano então viaja pela Europa para conhecer o produto e a tecnologia e, na sua volta, assume a empresa. Com sua experiência em uma empresa multinacional espera-se que o sucesso seja imediato. Sua chegada na indústria é marcada por um conflito de estilo entre sua escola de grande empresa e uma empresa familiar. Os executivos sentem nele uma grande ameaça e, finalmente, após conflitos diversos, Luciano sente que é hora de partir.

As relações do casal neste período se deterioram e Luciano resolve deixar não só a empresa como também a família. Recomeça a sua carreira e obtém sucesso. Sua ex-esposa se une à empresa e conta a todos que está sacrificando sua carreira pelo bem dos seus irmãos. A dúvida, contudo, persistiu: a quebra de paradigmas se deu porque o genro optou pela família mas não soube assimilar seus valores? Ou será que, de fato, não demonstrou a competência que deveria?

Os netos

Se os filhos são o investimento imediato, os netos são o retorno mais ansiosamente esperado. É a partir deles que muitos empreendedores costumam visualizar a continuidade do patrimônio e suas características são decisivas na política de investimentos. Quando os netos apresentam uma vocação nata, a geração fundadora se sente estimulada. Inúmeras empresas visualizaram e concretizaram seu crescimento na terceira geração e não na segunda.

Os netos também têm um grande potencial como sucessores diretos do empreendedor. Não é muito comum, mas existem casos em que um empreendedor elege o neto para essa missão. Nessa situação, é necessária a preparação dos filhos para a convivência com a perda do direito de suceder e o ganho de ter uma geração bem preparada à frente da administração simultaneamente. O quadro seguinte descreve o amplo universo que constitui uma empresa familiar. Todas as figuras começam com um empreendedor e surgem em volta dele surgem esposa, filhos, agregados, netos e profissionais.

Os profissionais

Num segundo momento, aparecem os profissionais de confiança, uma equipe de colaboradores e, a partir daí, os demais familiares. Os profissionais posicionam-se antes dos familiares na medida em que o empreendedor, muitas vezes, tem mais tempo de convivência profissional com esses profissionais do que com os membros de sua família. Por último, mas não menos importante, vem o mercado. Esses profissionais de confiança exercem uma importante influência no psicossocial da família na medida em que os mesmos acompanharam o crescimento da empresa e da família. Participaram de suas lutas e de seu sucesso. Tradicionalmente, são profissionais que têm expectativas de se tornar partícipes da sociedade. Desde a década de 1960, com o advento das escolas de administração de recursos humanos que preconizaram a integração da equipe na propriedade, nota-se que muitas empresas familiares e não familiares passaram a distribuir participações societárias a suas equipes (*stock options*). Esse tipo de operação, contudo, deve ser planejada com extrema cautela, principalmente quando a empresa em questão é familiar. Conceder uma *stock option*, sem direito garantido a recompra por parte da empresa, pode gerar disputas entre gerações futuras, uma vez que esses títulos podem ser transferidos aos filhos dos funcionários em caso de morte, criando-se assim uma gama de novos herdeiros que não pertencem à família empreendedora.

Maurício e Márcio....

Maurício e Márcio têm pouco mais de 25 anos e estão na sala de seu avô que, como sempre, está trabalhando desde as oito da manhã. Mesmo com mais de oitenta anos, ainda assina cheques, revisa os pedidos e, certamente, lê os jornais do dia. Na sala ao lado, está o pai de Maurício e Márcio.

Beirando os sessenta anos, ele ainda se pergunta quando seu pai deixará de trabalhar. Seus sentimentos estão confusos. Ao mesmo tempo que está orgulhoso pelo fato de seus filhos serem, em breve, os responsáveis pela empresa de sua família, sente-se frustrado por acreditar que nunca será, de fato, reconhecido por sua contribuição. Um consultor certa vez disse-lhe que ele pertencia à "geração mortadela". A geração do meio, que não aproveita nem o triunfo do sucesso nem a satisfação das realizações empreendedoras.

Enquanto está envolto em seus pensamentos, ele sente uma forte dor no peito e cai. Maurício e Márcio correm para a sua sala e descobrem o pai no chão. Solicitam ajuda médica. Depois de alguns dias no hospital, o pai se recupera.

Ao voltar gradativamente à sua rotina, ele decide tomar uma decisão: assumir a função mais importante de todas: ser a ponte entre as gerações. Passa a se reunir semanalmente com os filhos para escutá-los e transmitir conselhos práticos. Permite que eles ocupem posições em organizações empresariais e filantrópicas.

O preparo dos herdeiros para assumir a empresa é muito bem visto pelo mercado e pelo empreendedor, que manifesta sua gratidão ao filho por educar os sucessores em vez de concorrer com eles (o que, muitas vezes acontece, mesmo entre pais e filhos). Maurício assumiu a presidência executiva da empresa e, Márcio, a presidência da Holding Familiar. Ao seu pai, coube a presidência do conselho.

Caso Real

Descendentes e agregados por vezes produzem histórias curiosas nas empresas familiares. A Sadia, líder nacional do setor alimentício, guarda pelo menos duas delas. Uma é a de Alex Fontana, neto de um irmão de Attilio Fontana, fundador da Sadia. Depois de se dedicar à empresa durante dezoito anos, com destaque na área de comércio internacional, Fontana deixou o grupo movido por ideais diferentes daqueles que prevaleciam entre os demais familiares que atuavam na gestão. Anos mais tarde, foi parar justamente na concorrência. Contratado pelo grupo argentino Macri para comprar o frigorífico Chapecó, Fontana realizou a tarefa com sucesso, tornou-se o presidente da empresa de carnes e passou a adversário da companhia fundada por seu tio-avô.

▶ *Diferenças de pontos de vista também marcaram a saída de Yara Fontana, que ficara dez anos no grupo. Neta do fundador, ela começou a carreira na área de recrutamento da Sadia e trabalhou bastante tempo ao lado do avô. Quando ele se foi, decidiu lutar por uma definição de sua carreira no grupo mas não encontrou a receptividade esperada dos familiares e colegas que tinham o controle da gestão. Depois de algumas tentativas mal-sucedidas, pediu demissão e "arregaçou as mangas" para escrever o livro Como fritar as Josefinas, um relato detalhado da discriminação que sofreu na empresa e um alerta à sociedade contra o preconceito sofrido por mulheres no ambiente de trabalho. Depois do livro, abriu o seu próprio restaurante e partiu para uma carreira solo.*

Fonte: *Correio Popular*, 26/06/1996 e *Gazeta Mercantil*, 04/04/2000.

O universo do empreendedor – uma visão gráfica

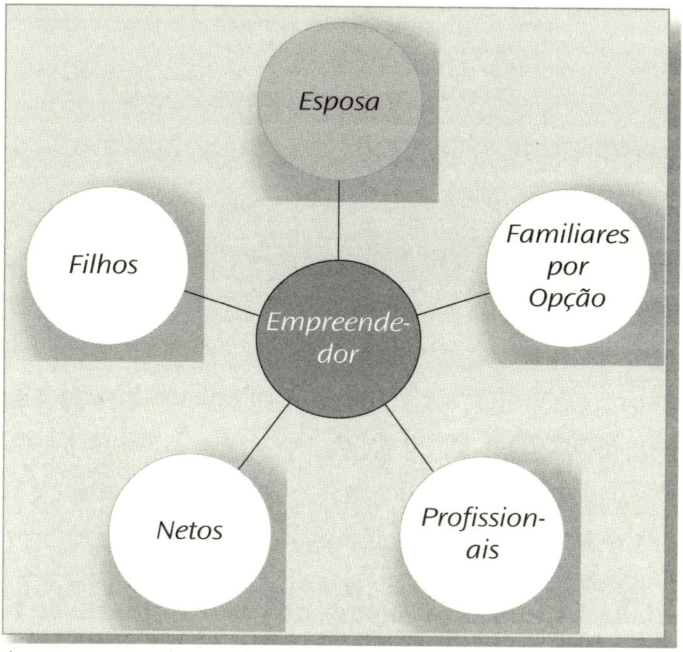

Figura 1.3 - O universo do empreendedor.

Ciclo de vida: quatro estágios

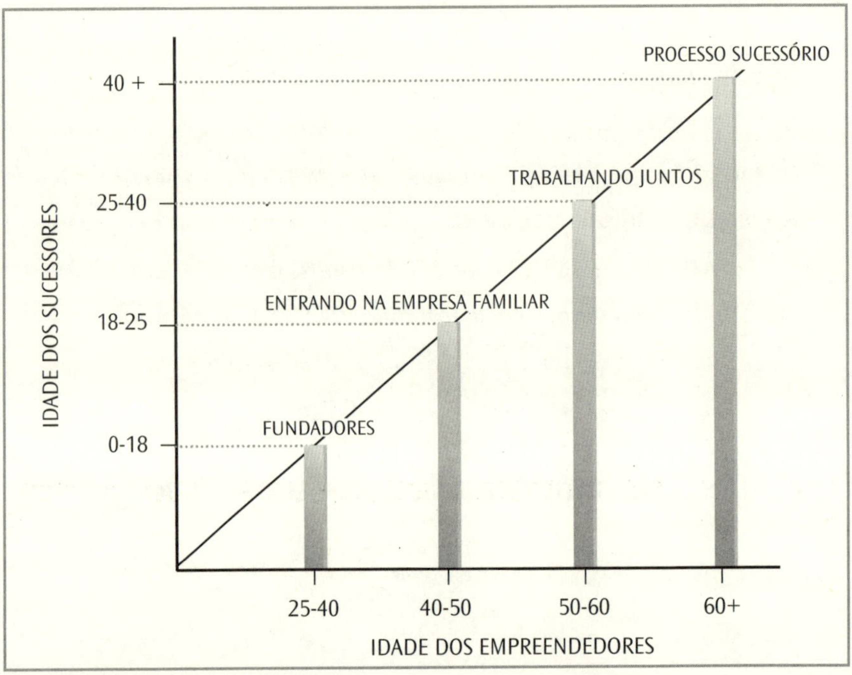

FONTE: John Davis (The OMBI)

Figura 1.4 - Os quatro estágios.

A empresa familiar não é monolítica em sua história, nem homogênea no decorrer do tempo, portanto, é essencial notar os aspectos críticos em cada um destes ciclos de transição.

Os estágios da empresa familiar constituem uma proposta acadêmica baseada em observações empíricas de consultores e especialistas. Assim sendo, a partir dos conceitos dos participantes envolvidos na empresa familiar apresentados adiante, explicitam-se observações com base no modelo de John Davis[5], relacionando-o à governança familiar na sociedade brasileira.

O estágio 1 é o período em que os empreendedores geralmente fundam suas empresas. Estão na faixa dos 25 aos quarenta anos e, durante esse período, têm filhos, potenciais sucessores, na faixa dos dezoito anos. No estágio 2, os sucessores começam a atuar mais efetivamente nas empresas e os empreendedores já estão na faixa dos quarenta aos cinqüenta anos.

No estágio 3, pais e filhos começam a se preparar para a sucessão e a trabalhar algo em comum.

No estágio 4, sucessores se aproximam dos quarenta anos e empreendedores já estão com mais de sessenta. Esse é o momento em que observamos os processos sucessórios.

Além disso, há uma fase que ocorre provavelmente no terceiro ou quarto estágio e que altera substancialmente a análise. Trata-se da venda da empresa, situação que é tratada em detalhes ao final deste capítulo.

5. O modelo é apresentado no artigo "Four stages of the Family Business". In: *The OMBI - Family business giries.* São Francisco, OMBI, 1993. A análise é experiência do autor desta obra e não dos criadores do modelo.

1. Definindo missão e valores

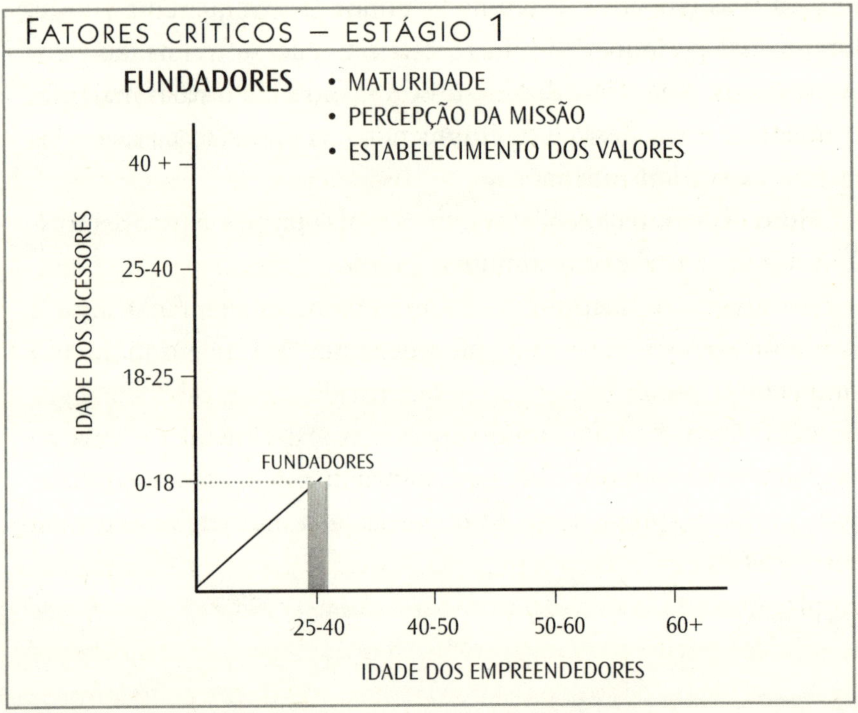

Figura 1.5 - Estágio 1: fundadores.

O diagrama demonstra que, no primeiro estágio, os fundadores estão na faixa dos 25 aos quarenta anos e os seus sucessores entre zero e dezoito anos (muito mais próximos de zero que dos dezoito). Durante essa fase a empresa é fundada. Como já dito no início deste livro, existem decisões que o empreendedor tem de tomar no momento presente, que somente terão reflexo no futuro. Uma delas é a percepção da missão da empresa e a definição dos valores que caracterizarão sua gestão. Na maioria das empresas familiares, os problemas surgem exatamente no momento da fundação e na escolha de seus valores.

2. Rumo à sucessão

No estágio 2, os sucessores estão numa faixa etária compreendida entre os dezoito e 25 anos e os empreendedores já estão entre os quarenta e cinqüenta anos. Existem sinais de maturidade e a empresa está consolidada, dado que já foi colhida uma experiência de acertos e erros. Nesse estágio inicia-se uma avaliação necessária de três aspectos fundamentais: a competência dos sucessores, a definição do empreendedor quanto ao seu sucessor e o poder atribuído ao sucessor. Dos dezoito aos 25 anos o sucessor tem de estabelecer dentro da empresa o seu grau de competência. Esse é o momento em que ele cria a sua reputação, não apenas quanto à competência técnica mas também em relação à capacidade de sucessão. Uma discussão que surge nessa fase envolve o fato da necessidade do sucessor trabalhar na empresa durante o seu treinamento. Afinal, jovens nessa faixa etária podem cometer erros até mesmo fatais e criar uma reputação negativa que permanecerá para sempre. Quando o sucessor começa a atuar, o mais comum é que ele seja designado para exercer funções que apresentam menores riscos e, somente depois, passe a lidar com atividades mais complexas. É muito menos arriscado, por exemplo, deixar o filho responsável pela produção em vez de colocá-lo para negociar com clientes. Nesse sentido, recomenda-se que a área comercial seja a última a ser assumida pelo sucessor. O segundo passo importante a ser tomado pelo empreendedor nessa fase é deixar bem claro para os funcionários se fará de seu filho um sucessor. Se decidir que sim, terá de fazer todos os esforços para que o sucessor atenda a todas as expectativas, e para que não seja obrigado a usar outra alternativa.

O terceiro e último aspecto envolve o poder do sucessor dentro da empresa. Será certamente um problema se o filho do dono entrar na companhia sem que suas competências e a extensão de seus privilégios estejam bem definidas. É também nessa fase que o empreendedor começa a sofrer problemas de saúde, descobre que já ganhou dinheiro suficiente e começa a se preocupar em descansar. Passa a delegar aos profissionais de sua equipe mais responsabilidades e a ficar dividido na escolha desses profissionais ou de um de seus herdeiros para a sucessão. Surgem aí diversas crises entre pais e filhos e há indicações estatísticas de que, nesse momento, depois de passados alguns anos na empresa, os familiares candidatos à sucessão chegam à conclusão de que não se simpatizam com o negócio do pai.

FATORES CRÍTICOS – ESTÁGIO 2

ENTRANDO NA EMPRESA FAMILIAR

- COMPETÊNCIA DOS SUCESSORES
- PROFISSIONAL
- INTERPESSOAL

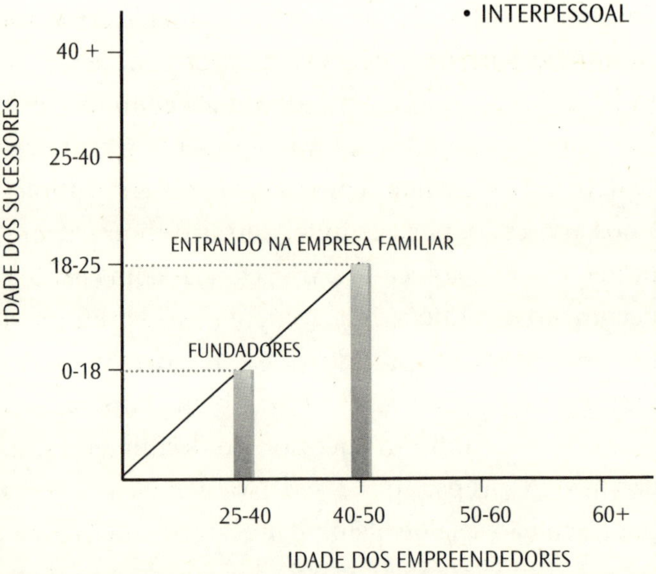

Figura 1.6 - Estágio 2: entrando na empresa familiar.

3. Identificando soluções

Depois de ultrapassados todos os problemas decorrentes do segundo estágio, chega-se à terceira fase, um tanto menos crítica. Pais e filhos começam a entender que precisam trabalhar juntos e o empreendedor passa a aceitar as limitações de seus sucessores. Começa-se a sair dos conflitos para o gerenciamento de soluções. Também nessa fase confirma-se ou não a sucessão. Três aspectos devem ser vistos como críticos. O primeiro deles é a informalidade. Na idade em que estão, empreendedor e sucessor começam a se tratar como iguais e, sendo assim, começa-se a faltar com respeito em relação ao limite dos direitos de cada um. O sucessor acha que já

FATORES CRÍTICOS – ESTÁGIO 3

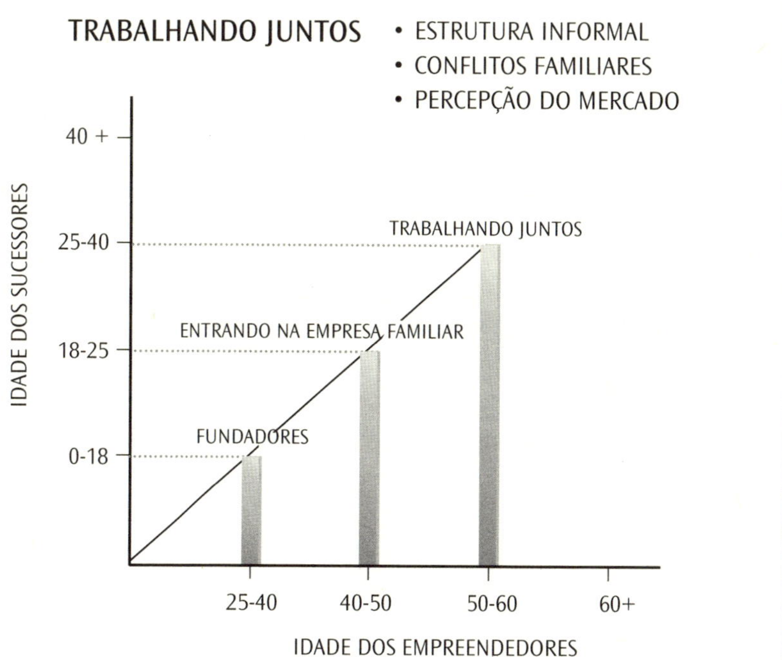

Figura 1.7 - Estágio 3: trabalhando juntos.

adquiriu seu lugar na empresa e que está livre para desfrutar de todos os direitos, enquanto o empreendedor começa a sentir falta de espaço. Conflitos familiares que ocorrem naturalmente nessa fase precisam ser isolados da empresa para não acarretar danos. Diante disso, é comum o aumento das contratações de profissionais externos e a criação de um Conselho de Acionistas.

4. A decisão final

O problema maior da sucessão surge quando se chega ao estágio 4. Esse é o momento em que o a maioria dos empreendedores

FATORES CRÍTICOS – ESTÁGIO 4

PROCESSO SUCESSÓRIO
- GARANTIAS INDIVIDUAIS
- ALTERNATIVAS DEFINIDAS
- PROFISSIONAL
- PESSOAL

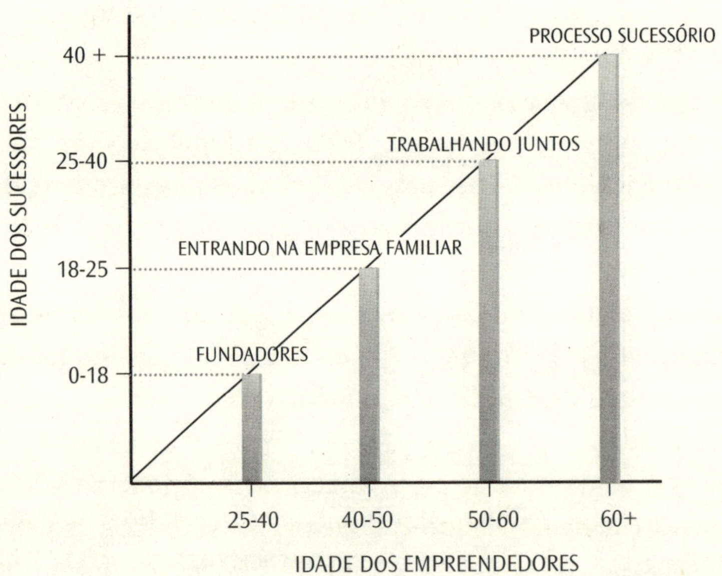

Figura 1.8 - Estágio 4: processo sucessório.

atinge sessenta anos e toma consciência de que o seu período de vida está se encurtando. O sucessor, por sua vez, já é um adulto consagrado, dono de uma certa reputação. A essa altura, é preciso que as alternativas para a sucessão estejam claramente definidas. Um dos pontos importantes a considerar é a garantia de condições financeiras para que o empreendedor possa viver até os últimos dias da sua vida. Sem isso, ele não terá segurança do processo decisório. É também a partir daí que surge a entrada dos netos e começam a despontar os problemas da segunda e terceira geração.

Uma forma alternativa de analisar os pontos críticos das estruturas de Governança Familiar

As estruturas de governança familiar se alteram de acordo com as gerações envolvidas, seus respectivos ciclos de vida, número de familiares e troncos familiares relacionados entre si. A primeira geração, chamada de geração empreendedora, tem como objetivo, além de se estabelecer empresarialmente, definir os valores que permearão a sua e as gerações futuras. Nos momentos iniciais, é preciso compreender a missão da família *vis-à-vis* a missão da empresa e assegurar a sobrevivência da empresa e da família. Nessa fase, a família tem a tendência de se envolver operacionalmente acreditando que o único modelo de gestão é o então conhecido "mão na massa". A família ainda não desenvolveu um conceito de gestão patrimonial independente do operacional. Um dos grandes desafios dessa geração é a primeira sucessão, momento no qual muitas decisões que servirão de modelo e parâmetros para a geração seguinte são estabelecidas.

Conviver com o sucesso pode parecer fácil à primeira vista, mas a realidade tem demonstrado que gerenciar sucesso é tão difícil quanto vivenciar os fracassos. As dificuldades dessa administração estão na definição de fronteiras para que exageros não sejam cometidos e o futuro incerto esteja sempre presente nas considerações. Quando o assunto envolve uma governança familiar que abrange multigerações, conflitos entre as mesmas tendem a se fazer presentes na identificação patrimonial com a empresa e a família. Valores distintos, preparos diferenciados e um diálogo extremamente heterogêneo costumam levar a conflitos que, embora previsíveis, precisam ser administrados e reconhecidos. A diversidade gera processos de crescimento individual e coletivo que, quando bem gerenciados, transformam potenciais conflitos em oportunidades únicas de crescimento. Uma das políticas que tem sido fonte de conflito é a forma como as diversas gerações entendem a utilização de recursos – conflito entre ter e não poder usar e usar e não poder ter. A vaidade humana, constante nas relações interpessoais, também se sobressai na definição de critérios de representatividade. Mesmo os mais discretos dos seres busca uma forma de reconhecimento. Quando se trata de empreendimentos monofamiliares, o relacionamento individual com a propriedade se simplifica porque os aspectos societários são menos complexos. Já quando os sócios são bifamiliares, os conflitos potenciais se intensificam à medida que as novas gerações assumem posições de comando ou demandam uma voz mais ativa. É o que se pode chamar de "Propriedade sem Propriedade", uma vez que, de fato, multiproprietários não se caracterizam como donos e sim como sócios. Surge, portanto, a necessidade de se conviver com os conflitos de interesse pessoal e coletivo.

2ª PARTE

IDENTIFICANDO OS DESAFIOS DE SOBREVIVÊNCIA

Por que 80% dos grupos familiares vão à falência?

O estudo realizado por John Ward[1] nos Estados Unidos mostrava, em 1987, que 80% das empresas familiares não ultrapassavam a primeira geração. Apenas 20% sobreviveram ao primeiro impacto intergeracional e, destas sobreviventes, 3% cresceram e progrediram, 3% estagnaram e 7% diminuíram o seu patrimônio na segunda ou terceira geração. Do total de 80% das empresas que não sobreviveram, 33% deixaram de existir antes de completar trinta anos e 35% deixaram de existir antes de sessenta anos de história. Ou seja, desapareceram na primeira ou na segunda geração familiar. Mas, apenas para reflexão

1. WARD, J. *Keeping the family business healthy*. São Francisco, Jossey-Bass Publishers,1987, p. 2.

e tomando por base minha experiência profissional, posso afirmar que esses percentuais apresentados por Ward têm números similares aos percentuais brasileiros. Apesar das estatísticas pouco animadoras, a expectativa é de que a longevidade das empresas familiares cresça nos próximos anos em virtude do número cada vez maior de empreendedores e outros participantes de empresas familiares que se preparam para enfrentar os períodos de transição e adotam modelos mais modernos de governança corporativa e familiar. A questão que se coloca é: por que a taxa de mortalidade das empresas familiares ainda tem se revelado tão alta? É essencial lembrar que o foco aqui são as empresas familiares que já passaram por um processo de transição geracional e não uma empresa de um empreendedor, que pode não ter sobrevivido por razões de outra natureza.

Os motivos para a elevada taxa de mortalidade dos grupos familiares são muitos. A seguir, comentam-se alguns deles.

Sucessores despreparados

Um dos fatores de maior visibilidade na derrocada das empresas familiares é o despreparo dos sucessores. Alguns foram até bem treinados, receberam a devida atenção dos empreendedores, mas simplesmente não foram capazes de aplicar o que aprenderam na condução prática dos negócios. É comum observar, por exemplo, sucessores que tiveram o devido preparo técnico mas que, ao assumir a gestão, sofreram as agruras de não terem sido orientados para a formação do relacionamento pessoal. Nesse sentido, a preparação para a liderança é essencial. Não é raro sucessores serem treinados para assumir cargos de *chefia*, ao passo que sua principal função no comando da empresa será a de liderar e não de *chefiar*. No processo de aprendizagem dos sucessores, fica evidente a dificuldade do empreendedor em transferir o conhecimento acumulado com a experiência de forma empírica. Outra inimiga do processo é a escassez de tempo do empreendedor para tal tarefa, uma vez que suas atividades estão relacionadas ao andamento do negócio e não aos desafios pedagógicos. A história mostra, contudo, que empreendedores de sucesso no processo de transição são aqueles que consideram essencial o treinamento de seus herdeiros e de sua equipe.

Profissionais despreparados

Se, de um lado, as empresas familiares sofrem com sucessores despreparados técnica e pessoalmente, elas também sofrem com a presença constante de profissionais que se valem de sua competência técnica para incentivar conflitos familiares na busca de mais espaço dentro da organização. Por isso, é fundamental que, além da profissionalização da família, ocorra a familiarização dos profissionais e sua adequação aos princípios de gestão da família. Sua conduta deve maximizar os valores da empresa e não servir de motivo de confronto. Nesses casos, é comum os profissionais apostarem em um membro da família que lhe pareça o preferido e com ele compor alianças em detrimento dos outros. Atitudes como essa, contudo, comprometem sua competência profissional e a isenção que deveria manter em relação aos conflitos sucessórios e processos familiares. Um profissional familiar, é bom lembrar, deve estar ciente de que está perto do poder sem ser o poder. Profissionais muito bem qualificados sem a devida identificação com a cultura e os valores da empresa tendem a apresentar conflitos que ultrapassam a barreira da gestão e a comprometer o psicossocial da empresa.

O dilema de compartilhar poder

Buscar capital de terceiros significa compartilhar poder. Ou seja, ter menos independência. O sentimento de liberdade controlada tem sido um importante motivo pelo qual empreendedores continuam reticentes na busca de capital, ainda que esses recursos sejam claramente essenciais para o desenvolvimento do empreendimento e para o aproveitamento das melhores oportunidades. Compartilhar poder é uma habilidade essencial em qualquer tipo de ambiente social, seja ele familiar ou profissional. Uma das metas que se propõe em processos de governança não é a mera divisão de poder, mas sim a forma de melhor equilibrá-lo, sempre preservando a convivência harmoniosa entre as partes.

Os perigos do microgerenciamento

A tendência de administrar abrindo exceções constitui uma forma de microgerenciamento (pequena visão empresarial) extremamente perigosa para a empresa familiar. É comum vermos nas organizações familiares executivos agindo de acordo com as conveniências do empreendedor e não conforme as técnicas mais apropriadas. Um exemplo é o encarregado de cobrança decidir processar um cliente inadimplente e, ao fazê-lo, ser reprimido por ter processado o amigo da família. Sua obrigação é cobrar e reduzir a inadimplência ou dar crédito aos amigos? Em uma outra abordagem, com base na análise de Peter Leach e outros estudiosos, pode-se afirmar que os fatores que mais determinam o fracasso das empresas familiares são:

1. *Rigidez do empreendedor.* Só ele sabe das coisas, ou sabe muito mais que todos os outros. Dessa forma, acaba por burocratizar os processos e dificultar a adaptação da empresa às necessidades da modernidade.
2. *Os desafios de modernização.* Feliz ou infelizmente, o empreendedor tem aversão a dívidas e reluta em ir ao mercado obter recursos para modernizar sua empresa.
3. *Sucessores malpreparados.* A sucessão requer alguém capaz de assumir, mas nem sempre é assim que acontece. A grande realidade dos suces-

sores hoje, no Brasil e no mundo, mostra o pouco preparo para assumir a direção da empresa e suceder o líder anterior.

4. *Questões emocionais*. As empresas familiares são dirigidas sistematicamente pela emoção e não com base nas demonstrações financeiras. É comum o empreendedor olhar o desempenho da empresa e constatar as aquisições de imobilizado e o faturamento do período sem atentar para o fato de essas conquistas terem ou não gerado lucro.
5. *Liderança e legitimidade*. As empresas familiares sofrem muito com a falta de liderança. Quando têm líderes como sucessores, faz-se a pergunta: "Será que esses sucessores são legítimos realmente ou estão lá porque papai ou mamãe quiseram?".

O número de fatores que podem determinar o fracasso de uma empresa familiar é grande, mas nenhum deles, individualmente, deve significar ameaça intransponível, nem pode ser visualizado como independente dos demais. É a somatória destes e de outros fatores que confirmam a precariedade da família como empresa.

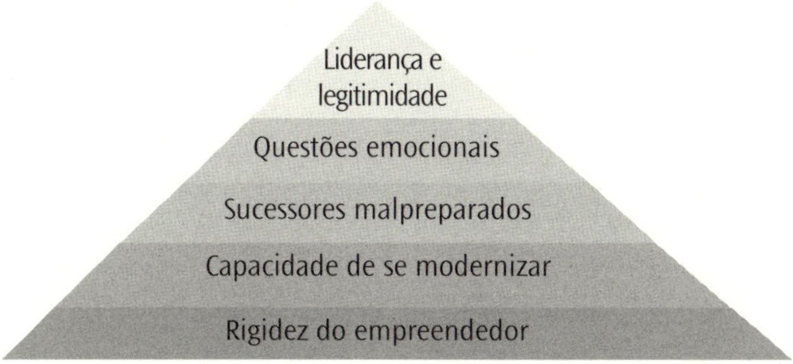

Figura 2.1 – Fatores que determinam o fracasso das empresas familiares.

Análise de risco – Uma visão sistemática

Para se ter uma governança adequada da empresa familiar, os seus responsáveis precisam analisar, além dos riscos quantitativos, os chamados riscos do negócio. É preciso também avaliar os aspectos qualitativos do risco uma vez que o mercado, as instituições financeiras, os clientes e os fornecedores o fazem de forma sistemática. Nesse universo, é essencial compreender o que esses analistas (sejam eles formais ou informais) avaliam. A análise se inicia pela estrutura visível. Ou seja, como a empresa se apresenta e está organizada. Freqüentemente, é complementada com dados obtidos na empresa e com seus integrantes, de forma que os mesmos possam compreender a sua gestão, seu planejamento futuro e as suas expectativas. A experiência mostra que os sistemas da família e da empresa são analisados individualmente. A seguir, apresenta-se um conjunto de premissas a ser considerado para avaliar se a gestão da empresa se adapta aos parâmetros exigidos pela atual conjuntura.

Sistema societário

- ESTRUTURA JURÍDICA
  - Contratos sociais
  - Acordo de acionistas
  - Protocolo societário
  - Interligações patrimoniais
- SÓCIOS EXTERNOS
- SÓCIOS INTERNOS

Sistema tecnológico

- Modernidade
- Custos
- Programas de qualidade
- Sistema produtivo (investimentos e modernidade do parque industrial)

Sistema comercial

- Participação de mercado
- Ciclo de vida de produtos
- Estrutura de distribuição
- Políticas de compra e venda

Sistema familiar

- Participação na gerência
- Retiradas de lucros
- Treinamento da família
- Política de investimentos

Sistema patrimonial

- Estrutura de capital
- Seguros
- Manutenção

Sistema financeiro

- Controles
- Fluxo de caixa
- Políticas de aplicação

Sistema Psicossocial

No sistema psicossocial, não menos importante, entram considerações como:

- Relações trabalhistas
- Programas de remuneração
- Processo decisório
- Treinamento da gerência

Na compreensão dos sistemas e subsistemas cabe buscar sempre respostas para as seguintes questões:

- A estrutura formal reflete o poder decisório?
- Quem determina a estrutura?
- A empresa segue a estrutura apresentada?
- Quem tem a decisão? Por que o poder está na mão dessa pessoa? Como ela usa o poder?

Caso real

"Na falta do líder, a disputa pela liderança"

► *Profissionais mal preparados para a sucessão podem gerar uma situação tão ruim quanto à dos herdeiros mal preparados. Disputas de poder entre familiares e administradores externos na ausência do líder criam um ambiente favorável para imprevistos e transtornos na gestão dos negócios. Caso típico ocorreu com a fabricante de eletroeletrônicos Sharp, em 1994, após a morte de seu fundador, Matias Machline, em acidente aéreo nos Estados Unidos. Um dos principais executivos da companhia, Jorge Roberto do Carmo, vinte anos de carreira na empresa, tentou tomar para si o papel de liderança até então exercido isoladamente pelo fundador e logo deu trombadas com o filho mais velho de Machline, José Maurício, presidente do conselho de administração à época. Divergências quanto à autonomia de Carmo levaram à demissão do executivo e de sua equipe poucos meses depois de sua indicação para o posto-chave da administração.*

Fonte: *Exame*, 1/03/1995.

Caminhos para vencer o obstáculo mais difícil: a sucessão

O momento de passar o bastão é, sem dúvida, um dos mais críticos na história de uma empresa familiar. A falta de planejamento ou de orientação para enfrentar a sucessão com o devido preparo está entre as mais freqüentes explicações para a derrocada de grupos familiares. A seguir analisam-se alguns requisitos para uma sucessão sem traumas.

Planejar é imprescindível

Toda sucessão exige administração e planejamento conduzidos, de preferência, pela própria família e não por terceiros. Pode parecer mais fácil deixar essa responsabilidade ao encargo de pessoas externas à família, como advogados ou consultores, mas uma sucessão elaborada sem a participação ativa da família certamente implica a não consolidação dos valores necessários para esse processo. Para que a sucessão tenha êxito, a condição básica é que o empreendedor mantenha a sua postura como pai, como empresário, como gerente, e saiba tirar proveito dessa situação para negociar a transferência da sua atividade. Em outras palavras, a sucessão deve ser trabalhada no dia-a-dia, sempre com o objetivo de transferir o patrimônio e a empresa para um sucessor ou para novos parceiros no momento certo. Quando essa definição ocorre em tempo hábil, nota-se que a empresa se transforma em uma nova entidade, muitas vezes mais forte, ciente de sua responsabilidade e potencialidade e mais preparada para a consolidação que garantirá a sua perpetuidade. Já o planejamento tardio de uma sucessão pode gerar a perda do controle patrimonial e colocar em risco a continuidade. Nesse caso, o sonho do empreendedor em se tornar imortal por intermédio da empresa vira o pesadelo de uma família desunida, lutando por migalhas e buscando uma forma de recomeçar.

Planejar a sucessão exige do empreendedor a compreensão de que o seu trabalho merece ser continuado e de que o patrimônio conseguido durante longos anos de empenho pode desaparecer rapidamente se o seu destino não estiver bem planejado. Para o empreendedor, preparar a própria sucessão significa assegurar a continuidade de seus valores, permitir adequar, se não todas, pelo menos grande parte das expectativas de sua família. Quando esse fato é ignorado, isso traz como conseqüências as disputas de poder, o enfraquecimento do patrimônio e o surgimento de dúvidas no mercado que podem levar à perda de clientes, fornecedores e fontes de recursos.

Empreendedores devem participar ativamente do processo

Ao final da Segunda Guerra Mundial, o mundo testemunhou o surgimento de um número crescente de empresas, fundadas por homens com uma visão das necessidades emergentes na indústria, no comércio e, posteriormente, em serviços. Grande parte desses empreendimentos prosperou e transformou-se em sólidas empresas líderes de mercado. Em artigos publicados na imprensa mundial sobre os processos sucessórios de grandes grupos empresariais e a gestão desses negócios, nota-se com freqüência a descrição das dificuldades desses empreendedores em transferir aos sucessores as rédeas do negócio. Conflitos entre herdeiros e a interferência de terceiros estiveram sempre presentes e, em diversos casos, somente foram superados com a ajuda de uma estrutura organizacional clara e de uma reestruturação administrativa ou até mesmo societária. Para as pequenas e médias empresas, a sucessão consiste no seu maior desafio, uma vez que elas não dispõem de recursos financeiros e humanos para a adoção de soluções amplas e estruturais.

Uma análise mais atenta da história mostra que processos sucessórios bem-sucedidos caracterizam-se pela participação ativa do empreendedor e pelo comprometimento de todos que estão direta e indiretamente envolvidos no processo com uma visão comum de futuro.

Atenção: herdeiros nem sempre são sucessores

Nem todos os herdeiros são sucessores, e essa realidade exige do empreendedor a correta separação dos dois papéis. O herdeiro sempre está intimamente ligado à propriedade, mas o fato de herdá-la não o faz necessariamente sucessor da gestão. Conflitos entre as duas posições normalmente surgem quando se começa a discutir o processo de sucessão. Embora o problema da propriedade tenha a mesma necessidade e urgência de ser resolvido que a questão da gestão, a tendência é que se solucione o problema da gestão deixando o da propriedade cada vez mais distante da rotina de administração da empresa.

No processo dessa separação, a não inclusão dos aspectos da propriedade pode tornar as soluções de gestão inviáveis. Antes de se buscar soluções administrativas, portanto, recomenda-se a reflexão sobre os interesses dos acionistas.

Entre a empresa e o patrimônio, melhor garantir o patrimônio

A seleção de um sucessor para ocupar o cargo mais elevado da companhia e representá-la interna e externamente tem sido uma alternativa para a continuidade do patrimônio em poder da família. Mas nem sempre esta é uma solução possível de ser alcançada. Não são raros os casos de empresas que estavam bem posicionadas em seus mercados mas tiveram de ser vendidas por conta de uma crise interna para a sucessão de poder no âmbito familiar. Em casos como esses, é provável que a transferência de controle seja mesmo a melhor solução para a continuidade do negócio. Tentar levar a sucessão às últimas conseqüências nem sempre significa o melhor negócio. Por fim, é essencial superar o tabu de que mais vale ter uma empresa familiar do que o patrimônio. Afinal, o patrimônio é o elo da família.

Complexo de super-herói: uma armadilha a ser evitada

Um dos grandes obstáculos ao início de um processo de sucessão é a crença do patriarca na sua imortalidade. Inconscientemente, é a busca da fonte da juventude transformando-se em um verdadeiro complexo de super-herói. Para o empreendedor que criou e desenvolveu um grupo empresarial familiar, a morte é tão indesejável que se chega ao ponto de ignorar e postergar o assunto por muito mais tempo do que seria razoável. Para os empreendedores que se apegam ao negócio como se este fosse seu único vínculo com a própria vida, derrubar essa crença e aceitar a possibilidade da morte é o primeiro obstáculo a ser superado para o início de um processo de sucessão bem planejado e estruturado.

Caso Real

"O fantasma da herança"

- *Brigas entre herdeiros têm sido um obstáculo persistente na trajetória de empresas familiares. Para evitá-las, o primeiro passo precisa ser dado pelo patriarca. Cabe a ele livrar-se do complexo de super-herói e conversar abertamente e com toda a transparência sobre o que acontecerá após a sua morte. A cultura de separação entre os assuntos da família e da empresa também deve estar bem enraizada para que discussões futuras não prejudiquem o andamento dos negócios.*
- *Histórias recentes da Tigre, maior fabricante de PVC do país, comprovam essa necessidade. João Hansen Júnior, seu fundador, cons-*

truiu o império ao longo de cinqüenta anos. Elegeu um de seus filhos, Carlos Roberto, para ser o sucessor. À certa altura, quatro anos antes de sua morte, sofreu um ataque cardíaco e decidiu repartir a herança com os dois filhos homens: o primogênito, João Hansen Neto, e Carlos Alberto. Sua filha, Eliseth, a caçula, ficou de fora por ter recebido doações que não haviam sido oferecidas aos outros dois. Casou-se com um empresário e investiu sua herança em um novo negócio que, anos mais tarde, veio à falência. Seu irmão, Carlos Alberto, morrera poucos anos antes do pai, em um acidente aéreo.

- *Mais recentemente, Eliseth foi citada em artigos de jornais por travar uma briga judicial contra a cunhada, esposa de Carlos Alberto e presidente do conselho de administração, para anulação da partilha feita pelo pai. Apesar dos problemas familiares, o desempenho da Tigre não foi atingido. Com dois acionistas institucionais em sua composição acionária e uma administração de profissionais externos à família, a Tigre continuou crescendo e investindo em subsidiárias fora do país.*

Fonte: *Exame*, 04/04/2001

A preparação dos sucessores

A preparação dos sucessores deve ser parte de um plano muito bem elaborado, preparado a partir de questões como:

- Como será feita a sucessão?
- Será por indicação dos detentores do capital ou por uma ampla discussão entre os membros da família?

A indicação de um sucessor sem a análise correta de sua capacidade e liderança pessoal e profissional tende a replicar o modelo empreendedor da primeira geração, e o erro está em desconsiderar o fato de que as características empreendedoras de um ser humano não são necessariamente genéticas. Uma sucessão imposta corre o risco de ser questionada assim que a ausência do empreendedor se fizer notada – seja em uma crise familiar ou empresarial, seja na morte do mesmo. Em contrapartida, a não indicação de um sucessor pela geração anterior pode levar a uma importante disputa de poder, de forma que a perda patrimonial ou mesmo a perda da harmonia familiar seriam a conseqüência indesejada.

Quais as características que esperamos deste sucessor?

As características de um sucessor devem ser sempre avaliadas de forma objetiva, reduzindo-se ao máximo aspectos subjetivos. O ideal é que, durante sua vida ativa, o empreendedor discuta com a família os aspectos desejáveis para o sucessor, tais como a capacidade de liderança e de se relacionar com o público interno – família e empresa –, e a capacidade de se relacionar com o público externo – mercado.

É importante sempre lembrar que não existe um sucessor idêntico ao empreendedor. A busca de um clone não é um processo adequado na medida em que gera frustrações para todos os envolvidos: empreendedores se sentem fracassados na missão de criar um sucessor idêntico, sucessores não conseguem emular o modelo, familiares ficam sem substituto para o pai (tio ou familiar) e o mercado não vê perspectivas de evolução na gestão da empresa.

Qual o plano de preparo do sucessor e demais herdeiros que terão de conviver com ele?

O plano de treinamento deve ser elaborado de forma a incluir aspectos profissionais e pessoais. No plano profissional, a experiência prática não é suficiente para a conquista dos conhecimentos esperados de um líder empresarial. A formação acadêmica, esta sim, se torna cada vez mais necessária, se não imprescindível. A complexidade aumenta na medida em que o mercado se sofistica e as técnicas evoluem. Na esfera pessoal, o preparo deve ser iniciado com a educação, enfatizando os valores da família, o respeito pelo próximo e a capacidade de lidar com pessoas. Recomenda-se que os sucessores recebam mentores para que possam contar com o apoio necessário para seu desenvolvimento. A postura de um sucessor deve ser, antes de tudo, a postura de um acionista consciente. Algumas recomendações:

- Não ser dono, ser sócio-acionista
- Compreender a diferença entre ter ações e participar da gestão
- Ser empreendedor
- Ultrapassar o operacional e ter uma visão ampla do processo
- Priorizar a empresa e não o pessoal
- Respeitar os órgão de governança
- Compreender que a empresa não é cabide de emprego

A empresa está preparada para receber um sucessor?

Preparar a empresa é tão importante quanto preparar a família. Afinal, esta última também possui um modo próprio de gestão desenvolvido ao longo do tempo. É função primordial do empreendedor admitir que seu tempo à frente dos negócios é limitado e que cabe a si a missão de assegurar a perpetuidade de seu objetivo de vida.

As comparações serão inevitáveis, assim como as críticas ao sucessor. A postura do empreendedor, contudo, será sempre essencial para determinar a intensidade com que serão feitas. Atitudes de apoio e respeito ao sucessor darão sempre o recado de que a sucessão será feita para durar.

- Como ficam os profissionais que se sentem candidatos à sucessão do empreendedor?

É importante ter em mente que o executivo de uma empresa familiar deve trabalhar com sistemas de informações patrimoniais complementares ao sistema gerencial. A esse executivo cabe indicar o melhor caminho para que o patrimônio da família e as melhores práticas de gestão sejam preservados, sem abdicar de sua integridade profissional. A ele também compete quantificar os riscos que a família está disposta a correr e interpretar as chamadas *hidden liabilities* (riscos desconhecidos), investindo sempre operacional e estrategicamente na percepção de longo prazo.

Seu processo decisório deve considerar as normas sociais, os impactos emocionais e as alianças familiares, uma vez que a absoluta separação entre gestão racional e emocional é praticamente impossível de se atingir. Sua carreira será construída por uma combinação de resultados objetivos e subjetivos, por sua capacidade de se integrar à equipe e por sua forma de se envolver com a família. No relacionamento com a família, é importante que o executivo tenha noções claras de seu espaço e evite uma sensação falsa de segurança por ter involuntariamente ultrapassado certas fronteiras. Seu desenvolvimento profissional será avaliado em paralelo ao desenvolvimento pessoal.

Atualmente, inúmeros empreendedores consideram os aspectos subjetivos mais relevantes na contratação do que outros de caráter mais objetivo. Tal ponderação ocorre por conta da dificuldade de encontrar executivos alinhados aos valores da família.

Transparência: vale a pena optar por ela

Práticas de boa conduta corporativa vêm sendo cada vez mais demandadas no mundo moderno e algumas delas já são conhecidas do manual para uma sucessão familiar bem-sucedida. Transparência, por exemplo, é fundamental para as famílias que esperam estar no rol das empresas que chegam à segunda ou terceira geração. É importante que a preparação do processo de sucessão seja corretamente transmitida a todas as partes relacionadas, entre elas, clientes, fornecedores, acionistas, prestadores de serviços e o mercado financeiro. A experiência com esses processos mostra que fica caro esconder a transferência da gestão para um herdeiro ou omitir o nome de quem será o sucessor. Dúvidas quanto à continuidade do negócio costumam transformar-se rapidamente em custos mais elevados na obtenção de empréstimos ou em condições menos favoráveis de negociação com clientes e fornecedores.

Recomendações para o processo sucessório:

- Prepare um plano formal de sucessão
- Divulgue o plano a todos os interessados
- Prepare a sua própria saída
- Tenha um plano de atividades pós-empresa
- Prepare a sua família para esse momento inevitável
- Prepare a empresa e a comunidade para aceitar a sua saída e a entrada de um novo sucessor
- Assuma a função de ex-empreendedor e seja um conselheiro ciente dos limites que esta posição impõe

Um aspecto importante na preparação de qualquer processo sucessório é assegurar que o mesmo esteja formalizado por ferramentas jurídicas como testamentos, acordos societários e protocolos familiares, e que seja considerada a regulamentação tributária vigente. Em função das mudanças inerentes à economia e à legislação, a sucessão se torna um processo dinâmico a ser sistematicamente revisto. O planejamento de carreira para os sucessores é essencial, uma vez que o acúmulo de experiência influi de maneira fundamental no sucesso. Herdeiros que porventura não estejam presentes na gestão devem ser conscientizados de seu papel como sócios-parceiros, a fim de que apóiem o empreendimento e não criem demandas excessivas para os gestores. Já herdeiros que optem por seguir uma carreira profissional dentro da empresa devem estar preparados para atuar com competência e para separar a função executiva da função de acionista. É bom lembrar que, quando mal administrados, esses dois papéis podem se tornar um verdadeiro barril de pólvora.

Caso Real

▶ *Uma sucessão mal planejada, sem o convencimento de todos os envolvidos e o consenso em torno do nome do sucessor, pode desgastar as relações familiares e ainda prejudicar o andamento dos negócios. Foi o que aconteceu na Dimep, empresa pioneira na fabricação de relógios de ponto no Brasil fundada por Dimas de Melo Pimenta, na década de 30. Seu filho primogênito, Dimas de Melo Pimenta Filho, conhecido como Dimas II, era o escolhido do pai para assumir o controle da empresa. Preparado desde muito jovem para comandar a companhia, Dimas II começou a bater ponto na fábrica aos quinze anos de idade. Aos 21, era o diretor comercial e, aos 25, havia sido promovido a vice-presidente, sempre sob a proteção do patriarca. Mas o eleito para assumir a empresa não contava com o apoio de um de seus três irmãos, Emanuel, que chegou a abrir um processo contra a Dimep exigindo a partilha igualitária dos bens da família e acusando Dimas II de ter privilégios. Para evitar mais disputas, o pai decidiu tirar os filhos da administração e entregá-la a antigos funcionários. No ano seguinte, Dimas pai faleceu e os filhos Dimas e Emanuel começaram uma briga judicial pelo controle da empresa encerra-*

da somente em 2000, quando a Dimep passou às mãos de Dimas II. Àquela altura, o primogênito também era o controlador da Rodbel, uma das empresas herdadas de seu pai e a qual transformara na principal concorrente da Dimep.

Fonte: *Exame*, 24/03/1999 e 26/06/2002

▶ *Caso semelhante de sucessão atribulada por falta de apoio ao herdeiro aconteceu na fabricante de chocolates Garoto. Victor Meyerfreund, neto do imigrante alemão que fundou a companhia, Henrich Meyerfreund, fora preparado por seu pai, Helmut, líder da empresa desde 1973, para assumir o comando. Quando deu os primeiros passos para transferir o controle a Victor, em 1996, Helmut bateu de frente com uma batalha societária liderada por sua madrasta, Edith, o irmão Ferdinand e parentes de um sócio minoritário. Juntos, eles detinham 51% do capital, contra os 40% do bloco familiar representado por Helmut. A briga foi vencida pelo grupo que tinha o controle e a presidência e vice-presidência foram entregues aos primos de Victor. Helmut foi demitido de suas funções na Garoto e Victor partiu para uma carreira-solo na área de e-commerce.*

Fonte: *Forbes Brasil*, 06/12/2000 e *Carta Capital*, 29/03/1996.

Alternativas para a continuidade da empresa

Quais são as alternativas de um empreendedor ao perceber que seus momentos à frente da empresa estão chegando ao fim e que está na hora de preparar a sucessão? Suas opções são, basicamente, quatro: vender a empresa, buscar uma *joint venture* ou uma sociedade com terceiros (o que, para alguns, funciona apenas como paliativo), continuar no controle e profissionalizar a gestão ou definir um sucessor no âmbito familiar. A opção de vender costuma ser uma das menos desejadas em razão do apego do empreendedor ao negócio. Mas, vale lembrar que, em alguns casos, essa pode ser uma boa alternativa para maximizar o patrimônio da família e o investimento feito nos últimos anos. Trabalhar a venda emocionalmente, contudo, é o primeiro passo quando esta for a alternativa encontrada. A começar pela percepção de valor do negócio. Por serem o valor de venda e o de compra elementos altamente subjetivos, existem sempre dois preços para um mesmo negócio: um para quem compra e outro para quem vende. É fundamental, portanto, calibrar as expectativas de valor e tomar consciência do grau de subjetividade envolvido. A segunda alternativa passa pela cessão do capital a terceiros. Pode ser uma sociedade, uma *joint venture* ou até uma abertura de capital com lançamento de ações em bolsa. Esta pode ser uma boa opção para o desenvolvimento do negócio se houver necessidade de maiores volumes de investimento nos anos seguintes. No entanto, somente poderá se materializar se aceitas as condições mínimas para atender às exigências dos investidores, cada vez mais interessados em participar da gestão. A própria inclusão de acionistas minoritários nos quadros proprietários conduz aos princípios de transparência, igualdade e profissionalização da gestão. Se a idéia for buscar um único sócio, o desafio é avaliar corretamente que tipo de parceiro atenderá às necessidades da companhia. Se este deve ser um sócio estratégico, capaz de contribuir com sua experiência no mesmo ramo de atividade para a prosperidade do negócio, ou um sócio financeiro, apto simplesmente a se incorporar ao capital.

Visto que nenhuma das duas opções anteriores pode ser considerada fácil na condução de um negócio familiar, observa-se que uma alternativa mais freqüente é a profissionalização da gestão. Esta, embora mais fácil que a alienação do negócio ou a venda de parte do capital, também implica uma série de obstáculos a superar, principalmente no que se refere ao relacionamento interpessoal. Competência e honestidade são requisitos fundamentais para os novos gestores da empresa, duas características nem sempre diagnosticáveis com absoluta clareza. Quando levada ao extremo e não solucionada, a desconfiança se torna o fator determinante para que o empreendedor se convença de que a alternativa menos arriscada para sua sucessão seja transferir a gestão para um de seus herdeiros.

Quando o melhor para a família é ficar sem a empresa

Famílias que optam pela sucessão dentro da própria família mas falham ao fazê-la podem ter de recuar e convencer-se de que o melhor para todos é deixar a empresa e garantir o patrimônio. Nessa situação, temos três necessidades predominantes antes de iniciar a venda da empresa: definir um novo mandato de investimento, normalmente baseado em estruturas de proteção patrimonial que maximizam o retorno e permitem o menor risco possível; estabelecer uma nova forma de distribuição de ativos entre a família, na qual as qualidades técnicas e de relacionamento interpessoal das gerações subseqüentes tendem a se equiparar; e criar métodos de gerenciamento patrimonial e de seleção de administradores próprios para os recursos da família e de terceiros.

Conflitos na empresa familiar

Em palestras e trabalhos de consultoria surgem questões sobre os conflitos internos inerentes às empresas familiares. Entre as diversas questões que costumam ser abordadas, pelo menos duas merecem destaque.

- O que fazer com os filhos que não se identificam com o projeto da família?

É importante ter a consciência de que a empresa familiar é, muitas vezes, fruto do sonho de uma geração. O ideal seria educar os filhos para que fossem integrantes desse sonho. Porém, se isso não foi feito, a solução é aprender a administrar a questão. Quando se assume que os filhos têm competência e não são alienados, a resposta é relativamente simples: deixá-los seguir seus caminhos e encontrar mecanismos para conscientizá-los a participar do patrimônio familiar. A participação na gestão patrimonial só tem sucesso quando o filho percebe que é um herdeiro de fato e não apenas um receptor de bens. Talvez a pergunta mais difícil a que os pais empreendedores têm de responder seja: Estou disposto a sacrificar meu sonho pelo sonho de meus filhos? Racionalmente, a maioria responde de modo afirmativo, mas a realidade emocional é outra. Grande parte dos proprietários tem muita dificuldade em aceitar a independência dos filhos. Ao contrário, se o filho for totalmente desinteressado e não participativo, a resposta torna-se mais simples ainda: não adianta insistir. Ele vai traçar seu caminho e o que pais empreendedores têm a fazer é elaborar estruturas jurídicas que visem salvaguardar o patrimônio para si e para gerações futuras. Mais vale delegar a administração patrimonial do que entregá-la a herdeiros que não a manterão. Essa decisão não simboliza necessariamente o fracasso dos pais. Afinal, nem sempre planos podem ser realizados e sonhos concretizados. A criação de uma dinastia empresarial possui dois elementos essenciais. O primeiro são os pais empreendedores comprometidos com as gerações futuras, cujos valores se projetam ao longo do tempo. No Brasil, em função do ambiente instável, a tendência é que, ao contrário, os empreendedores sejam casuístas e imediatistas. O segundo elemento são os filhos conscientes dessa responsabilidade em relação à continuidade e dispostos a aceitá-la. Isso, certamente, não se pode impor, exceto em famílias de alta realeza, nas quais há visão histórica de heranças. O ambiente de compromisso decorrente de uma "missão" torna-se, portanto, o elo. É necessário o cultivo de uma identidade familiar e a manutenção da analogia de um brasão que exprima os valores e metas da família, da empresa e dos indivíduos. Toda dinastia é a combinação de passado, visão de futuro e de um presente alicerçado em realizações concretas – verdadeiros pilares para os anos que estão por vir.

- O que fazer com os "agregados" (familiares por opção)?

O primeiro passo é não os tratar como "agregados" – pelo menos no sentido pejorativo do termo –, mas sim como pessoas que podem acrescentar elementos positivos à família. Eles jamais serão da família se não forem integrados. É essencial a conscientização de que essas pessoas têm culturas e visões de futuro diferentes e, certamente, podem enriquecer o "seio" familiar. Grande parte dos conflitos é oriundo do fato de os "agregados" não se sentirem incluídos. Assim, a reação defensiva pode levá-los a contestar a nova família. Na medida em que a empresa, o patrimônio e a forma como esses elementos são geridos se desmistificam, define-se claramente a visão, permite-se o relacionamento transparente e estabelecem-se limites aceitáveis a todos. Isso não significa que se deve necessariamente incorporar "agregados" como gestores, mas sim interpretá-los como parte de um patrimônio crescente. A disputa entre familiares por opção, que inevitavelmente se reflete no núcleo familiar, exige a tomada de decisão. É importante frisar que não existe neutralidade nem por parte dos cônjuges nem em relação aos pais. Sentimentos são sempre a expressão da percepção das pessoas. Aceitar diferenças e não tentar ressaltá-las pode ser muito mais benéfico às estruturas familiar e empresarial do que a simples tentativa de solucionar os conflitos. Permitir a identidade individual é, sem dúvida, o melhor caminho para a harmonia entre partes.

3ª PARTE

IMPLEMENTANDO BOAS PRÁTICAS DE GOVERNANÇA FAMILIAR

O modelo familiar de gestão

Uma empresa é normalmente vista como uma pirâmide hierárquica. No topo, conselho e diretoria dividem o mais elevado nível para a tomada de decisões, sendo o conselho responsável pelas definições estratégicas e a diretoria encarregada de colocá-las em prática.

Em empresas familiares, contudo, nem sempre o modelo é aquele mais conhecido dos manuais de gestão corporativa. Ao contrário, normas e procedimentos possuem características casuístas em função do envolvimento do empreendedor, na primeira geração, ou dos demais representantes do capital, em gerações subseqüentes.

Os valores e a cultura familiar também incidem sobre as decisões administrativas. Uma empresa de origem protestante, por exemplo, certamente buscará maximizar a riqueza de forma a compartilhá-la com a sociedade local. Essa realidade faz parte do contexto empresarial americano, em que as empresas assumem importantes aspectos sociais de partilhar considerável parcela de seu lucro financiando instituições acadêmicas, filantrópicas e religiosas.

Outro exemplo são as empresas latinas, que tendem a valorizar a informalidade, e as de origem centro-europeu, que buscam maximizar estruturas formais. A tradição empresarial japonesa de buscar o consenso nas decisões se reflete na empresa familiar nipônica como uma grande dificuldade de lidar com conflitos de idéias e formas alternativas de pensamento.

Em uma empresa familiar, os valores do empreendedor estão claramente expressos na administração. Sua história pessoal se traduz em expectativas para o negócio e a família e impõe um estilo de gestão característico. Ao mesmo tempo, a empresa está inserida em um contexto social no qual seus executivos trazem para o grupo experiências distintas. Assim, a visão do futuro de uma empresa familiar está permeada de anseios individuais e empresariais. Esses anseios precisam ser administrados e gerenciados de forma a satisfazer a todos de forma justa e transparente, sob o amparo de uma estrutura de governança familiar.

Como implementar uma estrutura-padrão de governança familiar?

O Escritório de Família (*Family Office*)

As boas práticas de governança familiar requerem que a família seja gerida como uma empresa, com seus ativos, passivos, patrimônio líquido, débitos e créditos. Esse tipo de gestão exige a criação de uma estrutura operacional independente, conhecida pelo termo em inglês *family office* (escritório *de* família). Importante ressaltar que não é escritório *da* família, uma vez que este não é um local de referência para encontros familiares, mas sim um ambiente de trabalho cujo objetivo é gerir a família e congregar interesses.

A experiência internacional de escritórios de família tem sido extremamente interessante. Culturas anglo-saxônicas tendem a ser menos restritivas à informação ou mesmo ao compartilhamento de dados e gestores, sentindo-se confortáveis em estruturas de escritório multifamiliar. Já a cultura latina, mais reservada, tende a restringir o formato dos escritórios a famílias interligadas ou àquelas que são sócias desde o início de suas atividades empresariais.

O escritório de família brasileiro começou a ganhar espaço com a crescente venda de controle de empresas familiares na década de 1990. Essas alienações colocaram à frente das famílias um novo tipo de ativo a ser administrado, o financeiro, o qual também requer uma gestão profissional.

A transformação de Geração Produtora para Geração Investidora tornou mais evidente a necessidade de se separar o Patrimônio Empresarial do Patrimônio Familiar, conceito inerente às boas práticas de governança. É importante frisar que esse processo contou com a ativa participação de uma geração de herdeiros bem preparada para assumir a gestão moderna do capital e capaz de prover o conhecimento e a confiança indispensáveis à consolidação desse processo.

Os primeiros escritórios de famílias brasileiros foram criados com o objetivo primordial de consolidar e analisar o patrimônio familiar. Estruturas empresariais que até então haviam prestado suporte às famílias em sua vida econômica e financeira não mais estavam disponíveis para executar esses serviços. Grande parte dos profissionais de confiança da família preferiram continuar suas carreiras no universo empresarial, uma vez que o escritório de famílias ainda não representava uma opção profissional.

Além de definir o processo de investimentos e controles, os escritórios de famílias começaram a se preocupar com as condições necessárias para perpetuar o patrimônio familiar, ultrapassando em muito os aspectos básicos da gestão financeira. Transformaram-se no principal fórum de discussões da família, profissionalizando assim os relacionamentos familiares.

As funções mais comuns dos escritórios de famílias envolvem a implementação da política de investimentos e a elaboração dos controles necessários para que os acionistas acompanhem a execução e os resultados. Essa concentração no foco financeiro fez que os escritórios de famílias passassem a ser importantes interlocutores com as instituições financeiras de um modo geral, e com a banca privada, em particular.

A profissionalização da família e a contratação de executivos financeiros geraram uma responsabilidade adicional: integrar o Planejamento jurídico e tributário de todos os membros da família. Aí surgiu também a demanda por serviços de prestadores como bancas de advogados, firmas de auditoria e corretores de seguros.

Interessante observar que os escritórios de família não administram apenas ativos tangíveis. A administração dos recursos financeiros (patrimônio tangível), o atendimento à família e a manutenção da estrutura do escritório são, sem dúvida, o foco das suas atividades. Mas cabe aos escritórios também administrar um elevado patrimônio intangível, constituído pela tradição familiar, seu legado de valores e a definição de missão.

Como a troca dos ativos operacionais pelos financeiros implica mudanças na percepção de vida da família, o escritório costuma assumir também funções aparentemente estranhas ao seu objetivo. Alguns exemplos são a responsabilidade pela educação da próxima geração no âmbito societário, a centralização das comunicações familiares e a proteção da integridade dos valores que permeiam a família. Aqui se nota a interdependência entre pessoa física e pessoa jurídica.

Os escritórios também se incumbem de administrar os novos relacionamentos sociais da família, nesse momento não mais focados no processo produtivo. Assim, o escritório de família se torna o centro das atividades filantrópicas da família e o veículo para participação em eventos comunitários. É comum nesses casos o sobrenome societário, até então fortemente ligado à marca da empresa conhecida pelo público, se transformar em uma identidade anônima. O escritório assume também a função de cuidar da segurança física dos familiares, ameaçada pela violência dos grandes centros, com o intuito de lhes prover a máxima tranqüilidade possível.

Quando o assunto envolve os aspectos práticos da gestão patrimonial, é essencial manter discussões freqüentes com todos os membros da família sobre os objetivos de curto e longo prazo e o retorno esperado dos investimentos. Pode-se imaginar o quanto complexa é a gestão dessas expectativas, uma vez que é preciso levar em conta as necessidades individuais e os anseios do todo, desafio que traz consigo a armadilha de desestruturar a família e sua organização.

Administrar um escritório de família no Brasil tem um grau de complexidade ainda maior por conta dos aspectos culturais. Não há uma visão multigeracional de cultura, já que os descendentes brasileiros provêm de empreendedores imigrantes. Certamente que, com o advento das próximas gerações, um dia a "família brasileira" terá uma identidade e, conseqüentemente, haja um escritório de família tipicamente brasileiro.

Tamanha diversidade de expectativas tem transformado o escritório de família em um excelente administrador de conflitos, uma vez que as demandas da geração empreendedora nem sempre são absorvidas pelas gerações seguintes. A própria cultura empreendedora de valorizar resultado e sucesso individuais dificulta a satisfação dos anseios envolvidos.

As políticas de investimento mal definidas, muitas vezes pela própria inabilidade da família em compreender o novo mercado com o qual se relaciona profissionalmente, a tendência natural de expectativas de resultados de curto prazo e a pouca consciência dos riscos envolvidos nas operações financeiras realizadas são fatores que tendem a exacerbar as tensões em diversos momentos do processo.

A contratação dos executivos do escritório de família costuma ser regida por normas convencionais – funções *versus* responsabilidades – o que, muitas vezes, atrapalha a compreensão da verdadeira dimensão do relacionamento entre esses executivos e os detentores do capital. Por conta disso, é comum que executivos de alto escalão não-familiares não se adaptem à convivência intensa com a família.

Para se obter sucesso na gestão do escritório de família é necessário um amplo entendimento das funções de cada um e do processo de relacionamento. Na contratação de profissionais e prestadores de serviço, é necessário identificar quais serviços são essenciais e complementares para a família, de forma que, além da idoneidade e competência profissional, os executivos contratados estejam comprometidos com os valores da família. A remuneração de todos os envolvidos deve ser baseada não somente em resultados quantitativos, mas também qualitativos. Ao se estabelecer uma remuneração que reflita adequadamente todas as nuanças do processo, inclusive os limites do processo decisório, a estrutura familiar e a do escritório de família estarão prontas para conviver com parâmetros profissionais.

O futuro de um escritório de família está relacionado a pelo menos três premissas que devem ser bem consolidadas:

- A globalização na gestão patrimonial é uma realidade.
- As famílias entendem que o patrimônio, além de preservado, precisa ser maximizado.
- A complexidade das relações familiares tem de ser administrada de forma profissional.

As premissas anteriores conduzem a uma conclusão: embora o escritório de família comece como um centro de investimentos, seu escopo de atuação precisa se tornar mais amplo ao longo do tempo para atender às expectativas familiares.

A atual tendência brasileira, por conta da diversidade de origens das famílias imigrantes, mostra os escritórios de famílias constituídos em unidades familiares e, eventualmente, partilhado com ex-sócios. São mais raros os escritórios de família independentes, voltados a atender diversas famílias ao mesmo tempo.

Estrutura-padrão de governança familiar

A Figura 3.1 demonstra diversos elementos da estrutura padrão de uma boa governança familiar. Estes elementos, quando implementados em um escritório de família, cumprem papel fundamental no planejamento estratégico e operacional da família, assegurando assim a implementação mais eficiente da sua missão e valores no curto e longo prazo.

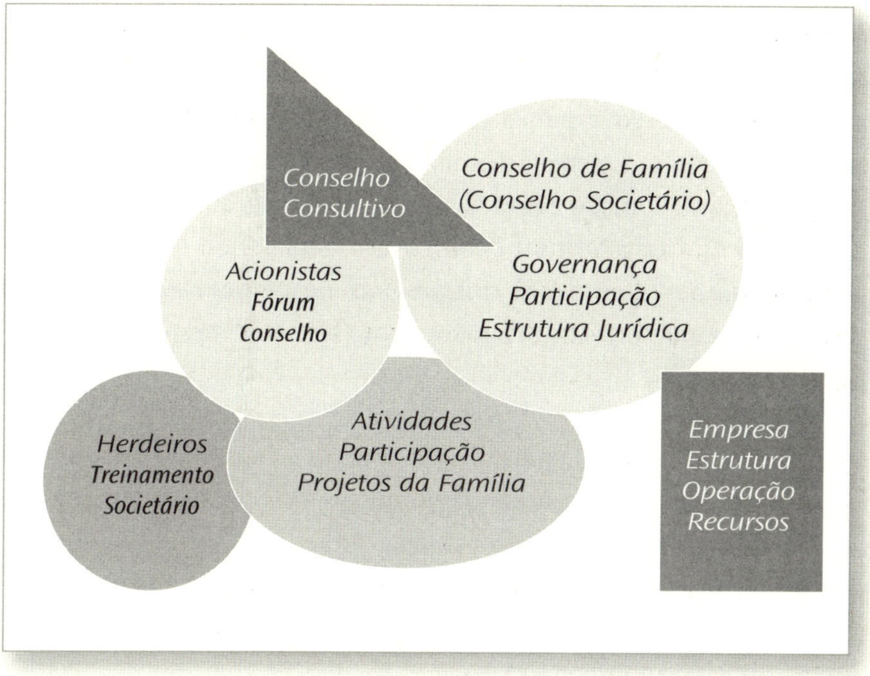

Figura 3.1 - Estrutura-padrão de governança familiar.

Fórum de acionistas

O fórum de acionistas deve se reunir regularmente para analisar as atividades da família como um todo, definindo sua missão, valores e atividades, assim como nomear o Conselho de Família, órgão executivo da família. Nessas reuniões, é essencial assegurar que os integrantes da família sejam informados de maneira objetiva sobre o andamento da situação patrimonial, as visões estratégicas de curto e longo prazo dos executivos, para que estejam capacitados para tomar decisões baseadas em fatos reais e não em pressuposições decorrentes do imaginário ou mesmo de comentários informais.

É recomendável que as reuniões sejam preparadas de forma a contemplar a participação de todos e que sejam acompanhadas de uma pauta e material informativo previamente elaborados. Grande parte dos conflitos é reduzida quando todos podem contar com um fórum adequado para que dúvidas sejam dirimidas e questionamentos compartilhados sem que se tornem pessoais. As reuniões familiares periódicas demonstram a todos os envolvidos o grau de maturidade e de governança da família. O objetivo da boa governança familiar é, essencialmente, assegurar que a família tenha mecanismos de solução e não somente de dissolução.

Em 1992, Craig Aronoff e John Ward publicaram o livreto *Reuniões familiares – Como construir famílias mais fortes e negócios mais fortes*, em que descrevem dez razões para que uma família se reuna regularmente:

1. Construir uma família mais forte
2. Construir um negócio mais forte
3. Planejar o futuro da propriedade
4. Planejar a participação da família no empreendimento
5. Ajudar os jovens a administrar o patrimônio herdado
6. Iniciar o processo sucessório
7. Preservar os valores familiares, tradições e sua história

8. Profissionalizar a empresa
9. Administrar as relações entre a família e os executivos familiares
10. Reconhecer e resolver conflitos

Conselho de família

O Conselho de Família tem a função de coordenar e administrar as atividades familiares e de integrar os troncos familiares unidos por um patrimônio comum para que a governança familiar e a governança patrimonial sejam, de fato, independentes.

Tradicionalmente, as suas tarefas consistem em:

1. Coordenar as atividades familiares comuns aos troncos.
2. Assegurar a continuidade patrimonial da família
3. Integrar as gerações da família
4. Assegurar condições básicas de treinamento societário
5. Administrar os fundos familiares
6. Prestar suporte aos membros da família quando uma necessidade específica se fizer presente
7. Administrar as rotinas familiares

O Conselho de Família é um colegiado auto-regulador que busca tomar decisões consensualmente e ser um exemplo de harmonia e entendimento societário para a família. Com base em valores de respeito mútuo e integração, os conselheiros de família devem ser eleitos por suas qualidades e valores pessoais e não apenas como representantes de determinado tronco familiar.

O Conselho de Família poderá ser no início administrado em conjunto por:

- Um (a) coordenador (a)
- Um (a) secretário (a)

- Um (a) tesoureiro (a)
- Um (a) coordenador (a) de eventos.

Caberá ao coordenador(a) administrar as reuniões, definir sua periodicidade, assegurar a implementação das decisões tomadas e gerenciar os profissionais contratados pela família.

Caberá à secretaria convocar as reuniões, preparar a pauta, elaborar e distribuir as atas e assegurar a comunicação interna do conselho e a comunicação do conselho com os membros da família. A secretaria também se obriga a documentar todas as decisões do conselho para que sirvam de referência a decisões futuras.

Caberá à tesouraria administrar os fundos do Conselho de Família e, trimestralmente, prestar contas dos fluxos de caixa.

Caberá ao comitê de eventos apoiar os grupos de trabalho designados e organizar e gerenciar os eventos familiares.

Caberá ao Conselho de Família fomentar novos negócios não relacionados à atividade da empresa, assim como incentivar o espírito empreendedor das novas gerações. O conselho deve ainda centralizar e administrar os aspectos filantrópicos da família, podendo ser a base de uma fundação, instituto ou outro mecanismo.

Conselho consultivo

O Conselho de Família poderá nomear consultores especializados para acompanhar seus trabalhos e prestar informações técnicas. Embora participem das reuniões, esses profissionais não serão incluídos no processo decisório formal, ou seja, não terão poder de voto.

Os membros do conselho consultivo devem ser capazes de zelar para que a separação entre os aspectos empresariais e familiares seja mantida. Sua função não é substituída pelo trabalho dos conselheiros de administração, os quais devem estar focados em zelar pela empresa.

Treinamento de herdeiros

Uma família preocupada com a sua perpetuação deve dedicar tempo e recursos para educar os seus herdeiros em vários aspectos. O objetivo não é apenas transformá-los em executivos, mas, principalmente, fazê-los acionistas competentes. Além do treinamento formal voltado a aspectos operacionais da empresa, os herdeiros precisam ser treinados para que desenvolvam a habilidade de serem sócios, a conviverem com as diferenças e a serem responsáveis pelo legado que receberam. Muitas famílias de sucesso têm criado programas intensos de treinamento para conhecimento da sistemática da empresa e do mundo societário.

Uma interessante forma de treinar os herdeiros é atribuindo-lhes a tarefa de criar e desenvolver projetos. Iniciativas no âmbito social têm sido uma boa oportunidade para esse tipo de treinamento, uma vez que permitem aos herdeiros praticar tomadas de decisão, estratégias de alocação de recursos e responsabilidades específicas.

Atividades familiares

A convivência social entre os familiares é essencial para a manutenção de um ambiente harmônico. Cabe aos líderes da família assegurar a programação de encontros fora do ambiente de trabalho que visem proporcionar lazer a todos. Dentre essas atividades, podemos destacar as reuniões socioculturais, visitas a empresas congêneres, viagens de família e reuniões para a celebração de datas magnas como o aniversário dos fundadores, celebrações religiosas e eventos que homenageiem feitos individuais de membros da família.

Uma recomendação

O sucesso de um projeto de governança familiar não pode ficar à mercê da informalidade ou ser registrado apenas pela memória de seus participantes. Controles e documentações das atividades societárias realizadas constituem ferramentas extremamente úteis na resolução de conflitos e para solução de eventuais dúvidas. Nesse sentido, é recomendável a criação de um pacto societário que englobe as diretrizes familiares e defina políticas. Alguns itens devem ser considerados nesse documento:

- Políticas de utilização de recursos
- Políticas de investimentos
- Políticas de entrada e saída de membros da família
- Políticas de remuneração para os membros que atuam na governança familiar e empresarial
- Mandatos do fórum de acionistas, do conselho de família e diretrizes para o treinamento de herdeiros
- Representatividade familiar interna e externa
- Políticas de apoio financeiro para os membros da família

Uma das formas de manter esse texto sempre atual é assegurar que, de tempos em tempos, ele seja reavalidado. É importante que o pacto societário represente sempre a visão atual dos interesses dos participantes.

A pirâmide de gerações

Uma empresa, seja ela familiar ou não, se define como uma estrutura ou organização que visa oferecer bens ou serviços para a obtenção de lucro. A realização desse objetivo segue tradicionalmente o conceito de uma hierarquia que estabelece funções e responsabilidades. O topo da pirâmide se preocupa em direcionar a empresa, assumindo a definição dos rumos estratégicos. E a camada intermediária se compõe por executivos cuja principal função é traduzir essas idéias em conceitos operacionais de forma que o topo da pirâmide e o nível inferior – a base da operação – atuem de forma harmônica. No entanto, a estrutura da empresa familiar não se caracteriza apenas por indivíduos colocados estrategicamente na pirâmide em função de seu desempenho, habilidade e vocação, mas sim pela existência de uma pirâmide imaginária, composta de elementos visíveis e invisíveis.

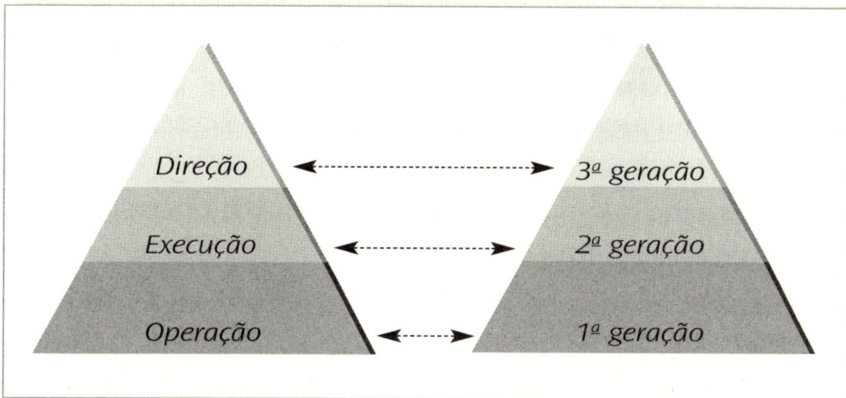

Figura 3.2- Relação entre gestão e geração-evolução.

A primeira geração tende a atuar da operação para o topo, enquanto que a segunda costuma ser treinada para executar bem suas funções, sem uma visão estratégica do negócio. A terceira geração, naturalmente afastada da gestão e relacionada aos conceitos de propriedade, tem o perfil mais adaptado à participação nos conselhos de administração. Nessa fase, é comum haver um número maior de sócios e os gestores serem, em boa parte, profissionais, o que estimula a ida dos integrantes da terceira geração para o conselho. Um resumo seria: na primeira geração, o dono faz o lucro. Na segunda, ele opera o lucro. Na terceira, ele espera o lucro.

Quando a estrutura de uma empresa é unifamiliar, nota-se no topo o empreendedor com uma sócia, sua esposa; os herdeiros em segundo plano e os netos na base. Essa configuração pode ou não ser operacional uma vez que não necessariamente os seus elementos participam ativamente da gestão da empresa. Quando o empreendedor é atuante, ele normalmente ocupa a função de estrategista para a empresa e a família. Quando a segunda geração se envolve, ela passa a ser a geração executiva, cabendo à terceira geração as funções operacionais.

Com o desaparecimento da primeira geração, a segunda tende a assumir funções reservadas para a primeira e a acumular as obrigações executivas. Somente com o passar do tempo notamos que a terceira geração cresce na pirâmide tendo de assumir mais responsabilidades. É no processo sucessório que se nota essa transferência gradativa de funções.

Grande parte das empresas familiares foi fundada como multifamiliar, calcada em outra dinâmica. Já na primeira geração há uma divisão de poder. Na segunda, essa divisão tende a ser ainda maior, dado que o número de potenciais executivos é substancialmente maior que a capacidade da empresa de absorver a mão-de-obra qualificada. Esse fenômeno se agrava ainda mais na terceira geração, na qual o número de descendentes passa a permear a operação de forma abrangente.

Jogos e estruturas de poder

Na primeira geração, os empreendedores escolheram a si próprios. Ou seja, pessoas se uniram em torno de objetivos comuns para o processo patrimonial e administrativo. Já a segunda é formada por elementos que não se escolheram e foram artificialmente agregados. A terceira geração é notória pela excessiva pulverização do capital e a estrutura familiar difusa, o que dificulta o processo decisório.

Inicialmente, a empresa familiar se organiza seguindo um modelo de organograma em que o empreendedor ocupa a posição central de todas as atividades. Ao dizer que uma empresa é organizada sob a forma de um funcionograma, comete-se um erro, uma vez que atualmente essas empresas estão utilizando um pouco mais de formalismo em termos de organização. Cada vez mais as empresas familiares começam a apresentar hierarquias e funções e, com isso, as estruturas passaram a ter características mais complexas. O que preocupa numa empresa familiar não é a estrutura de um funcionograma formal, mas sim a grande estrutura informal e o jogo de poder que age sobre essa estrutura.

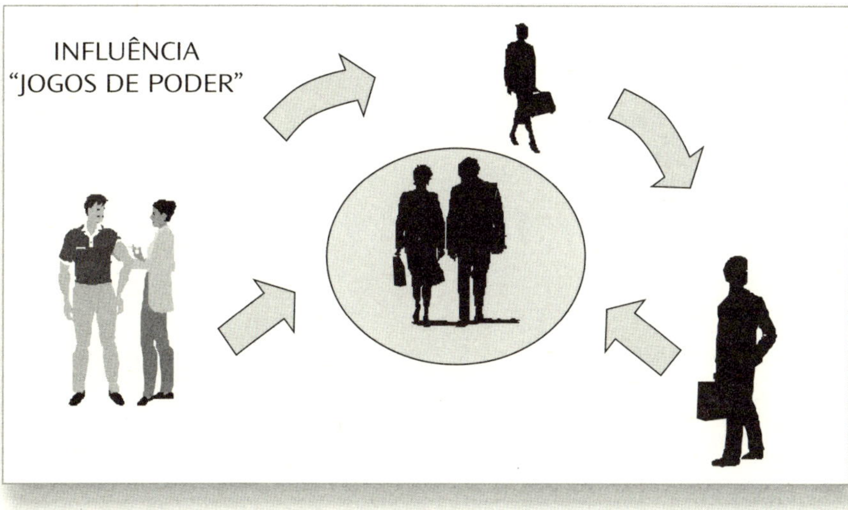

Figura 3.3 - Estrutura Informal.

A utilização da expressão "jogos de poder", negativa de início, pode ser bem entendida na medida em que se aceita que todo relacionamento constitui uma relação de troca.

O jogo de poder que ocorre nas organizações familiares envolve uma manipulação de dois lados. Os funcionários tentam usar o poder para sobreviver, enquanto empreendedores e família recorrem a ele para aumentar o patrimônio. Mas quem tem mais poder: os funcionários ou a família?

A fim de proporcionar instrumentos para uma resposta a essa pergunta, alguns organogramas típicos de empresas familiares precisam ser analisados. É preciso ter em mente que esses organogramas não podem ser entendidos como um funcionograma, mas como visões de poder e influência. A seguir, três tipos de organogramas são analisados.

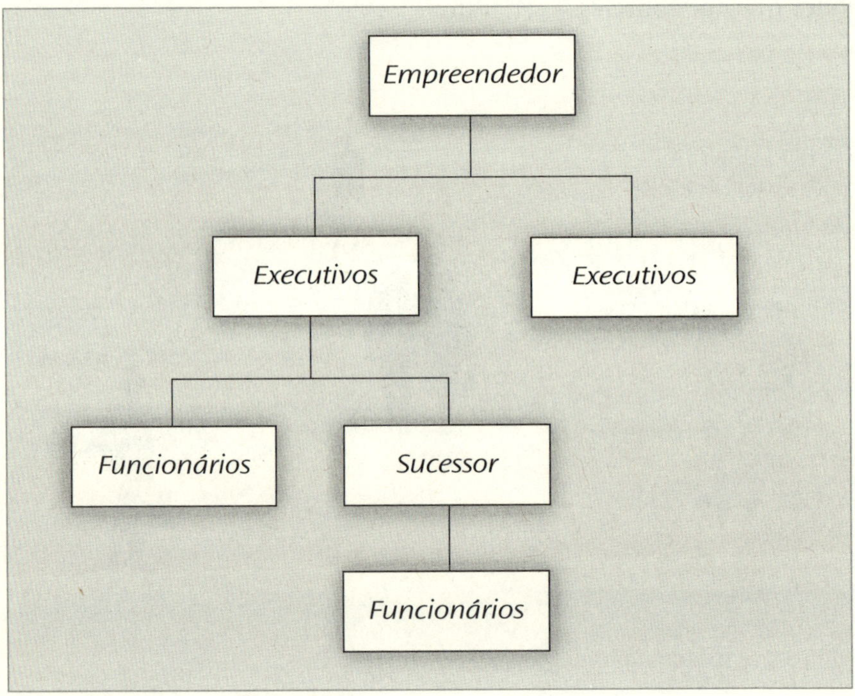

Figura 3.4 - Primeiro organograma.

Esse é o organograma mais comum na empresa brasileira atual. Começa com um empreendedor ativo, uma série de executivos que possuem mais ou menos poder, um sucessor muitas vezes se reportando a um executivo e os funcionários. O fato de os funcionários estarem ocupando uma posição abaixo dos executivos indica que a grande diferença entre executivo e funcionário é apenas que este último tem um poder menor do que um executivo. É interessante notar que o sucessor está entre os funcionários e os executivos. Mas ele jamais será visto como um igual dentro da empresa. Toda decisão errada que tomar refletirá na organização como um todo. Trata-se de uma posição complicada. Se o sucessor não fizer nada, dirão que não trabalha e não se interessa pela empresa; se fizer muito e errar muito, ficará tachado como incompetente; e se ficar no meio termo, vão dizer que não tem personalidade.

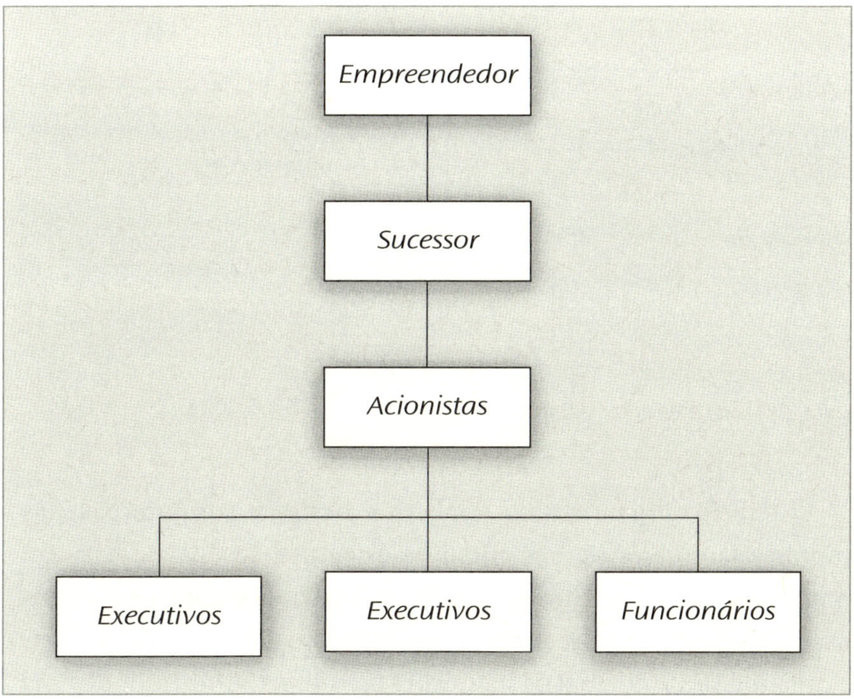

Figura 3.5 - Segundo organograma.

Nesse modelo de estrutura familiar, o empreendedor coloca o seu sucessor, ou pelo menos aquele designado para a sucessão, no primeiro plano abaixo do seu. Em seguida estão os acionistas e, por fim, os executivos e os funcionários.

O ponto crucial desse organograma é o fato de o sucessor ficar entre o empreendedor e os acionistas. Na verdade, o empreendedor coloca uma barreira muito interessante. Entre o sucessor, os executivos e os funcionários há um grupo de familiares que de certa maneira protege o sucessor, mas que, por outro lado, pode impedir que ele se viabilize como líder do empreendimento.

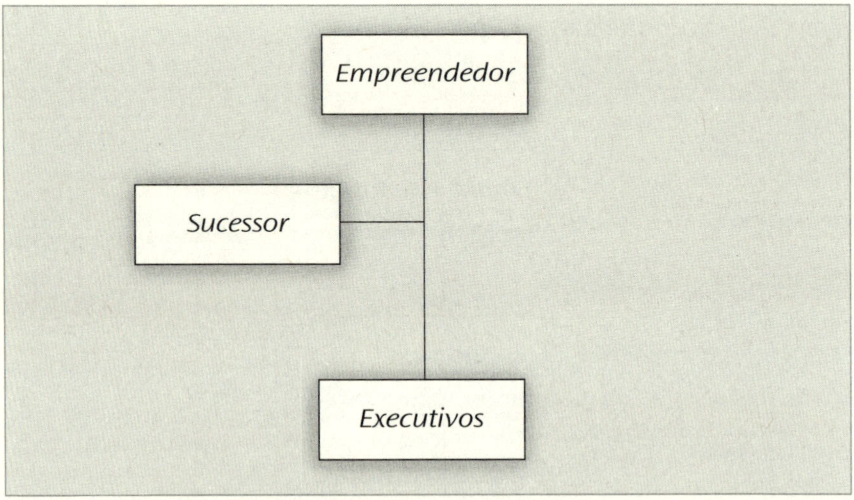

Figura 3.6 - Terceiro organograma.

O terceiro organograma também é bastante comum. Nele, as empresas familiares optam por uma estrutura na qual se tem um empreendedor trabalhando diretamente com sua equipe de executivos, e o sucessor ao lado do empreendedor. Ao contrário do primeiro organograma, no qual os sucessores têm de ser protegidos de uma série de situações, neste caso os sucessores ocupam a posição de assistentes.

Esse é um organograma que traz consigo a missão de começar a preparar o sucessor para algum tipo de responsabilidade. Em um dado momento da vida do sucessor é essencial que ele assuma compromissos de forma a adquirir experiência prática e se envolver com os futuros subordinados. A assimilação da cultura empresarial é parte essencial do treinamento desse sucessor.

Caso real

▶ *Quando mal decodificados por seus participantes, os jogos de poder podem instalar o caos dentro de uma organização. Um exemplo é a passagem de Edson Vaz Musa, ex-presidente da Rhodia e prestigiado executivo de mercado, pela administração da petroquímica Unipar. Contratado pela família Geyer, principal acionista da Unipar, para reestruturar a companhia e transformá-la em líder do setor, Musa não conseguiu equilibrar o jogo e sobreviver às adversidades societárias que encontrou pela frente. Depois de confrontado pela família por modificar a estratégia que havia sido traçada para a Unipar sem alcançar os resultados esperados, o executivo teve seu contrato de gestão cancelado.*

Fonte: *IstoÉ Dinheiro*, 06/05/1998

A informalidade e seus limites

As empresas sob controle de uma família possuem uma influência formal dos familiares no domínio do capital e da gestão. Mas é a influência informal dos membros da família na gestão e na utilização de seus recursos que normalmente determina os rumos da empresa. Um exemplo característico dessa influência é a utilização dos recursos da companhia por pessoas que não possuem uma função formal, tais como retiradas de numerário e serviços pessoais.

Os conceitos de boas práticas de governança corporativa visam evitar situações desse tipo, as quais costumam gerar conflitos na empresa e falta de motivação para o corpo funcional.

Além dos danos que pode causar à organização quando for demasiada, a informalidade inerente a qualquer família pode se transformar em inimiga da imagem de uma empresa bem administrada.

A percepção de uma gestão informal pelo mercado pode conduzir à idéia de uma empresa pouco profissional e acabar prejudicando o negócio. Essa constatação não significa, contudo, que a empresa familiar de fato perde em profissionalismo. Ao contrário, muitas empresas que se destacam por seus índices de mercado são de controle familiar e demonstram elevados níveis de profissionalização.

Profissionalizar: a melhor alternativa?

Quando se resolve profissionalizar a empresa familiar, quantas vezes realmente se decide pela transferência dos riscos sobre decisões estratégicas e não apenas pela transferência de algumas atividades operacionais? Certamente, é mais fácil delegar as atividades apenas operacionais do que assumir os riscos de contratar um profissional do mercado para tomar decisões que envolvam o patrimônio da família.

Esse dilema costuma estar por trás das dificuldades de muitas famílias em encontrar o profissional apropriado para determinada função. Elas exigem demais e, muitas vezes, encontram uma série de defeitos que justifiquem a continuidade da concentração de decisões na administração familiar. Eis aí uma faca de dois gumes, cujas vantagens e desvantagens devem ser cuidadosamente analisadas de acordo com os princípios e particularidades de cada família.

Se a decisão for profissionalizar, então o primeiro passo é ser claro com o executivo a ser contratado. O que se espera dele? Lucro, participação de mercado? Uma organização eficiente? É importante estabelecer mecanismos de controle desses resultados e critérios de performance para a avaliação do trabalho do executivo.

Profissionais de grupos familiares convivem com os conflitos da família de modo intenso e preocupante, pois reconhecem que uma eventual ruptura dos detentores do capital pode significar a derrocada da empresa e de seu próprio sustento. Essa ligação leva a situações complexas e contraditórias, uma vez que esses profissionais se deparam com a exigência de lealdade à empresa e à família, o que nem sempre é tão simples.

Há ainda os profissionais que buscam desenvolver uma carreira e ascender profissionalmente apenas através da bajulação. É freqüente observarmos executivos apostando no bolão da sucessão e assim subaproveitando grande parte de seu tempo. Intrigas e complôs resultantes desse tipo de comportamento geram enormes problemas para as empresas. Por outro lado, é bom lembrar que um grande número de acionistas (sucessores e candidatos a sucessores) utiliza esses mecanismos para legitimar suas próprias aspirações.

Quanto ao conceito da profissionalização, cabe aqui uma ressalva aos que necessariamente associam o termo à busca de profissionais fora da família. Profissionalizar significa identificar a melhor competência para desempenho de determinadas funções. Muitas vezes, essas competências podem ser encontradas na própria família, com a vantagem de se ter, desde logo, uma compatibilidade de valores com os detentores da propriedade. Portanto, a profissionalização é possível também com adaptações internas.

Caso real

"Final feliz para acionistas e executivos"

▶ *São inúmeras as histórias de desentendimento entre executivos e externos e profissionais da família do fundador. Mas há também casos de absoluto sucesso que merecem ser registrados e podem servir de referência para empreendedores e administradores receosos diante desta relação. O bom exemplo data de 1998 e foi protagonizado pelo Grupo Ultra após a morte de seu principal acio-*

nista, Pery Igel. Ao invés de enfrentar a batalha de egos e emoções entre sucessores familiares, os principais executivos da companhia foram contemplados, na herança de Igel, com 50,5% do capital de um dos maiores grupos distribuidores de gás e produtores de químicos do país. Aos familiares de Igel – três filhos do primeiro casamento, um do segundo e a atual esposa, Ana Maria Igel – foram reservados 49,5% do capital total. Paulo Cunha, principal executivo do grupo, funcionário de carreira desde 1967, foi beneficiado com uma parcela adicional de 1% do capital em relação aos demais executivos. A transferência de controle começou a ser articulada por Pery Igel catorze anos antes de sua morte e tinha por objetivo garantir a longevidade da empresa e do patrimônio da família com a permanência na gestão de seus funcionários mais fiéis e capacitados.

Fonte: *Gazeta Mercantil*, 08/10/1998.

"Profissionalizar para perpetuar"

- *Muitas vezes a profissionalização da empresa – entenda-se aqui profissionalização no seu sentido mais conhecido, ou seja, a entrada de profissionais externos à família na gestão – é o caminho encontrado pela família para assegurar a perpetuidade da companhia. Mesmo nos casos em que a família é bem-sucedida à frente da gestão, a profissionalização surge como uma alternativa mais segura para a continuidade do crescimento. Foi o que aconteceu com a Indústrias Filizola, fundada em 1886 por Vicente Fili-*

zola, maior fabricante de balanças do país. Em um processo que levou cinco anos para ser concluído, a família começou a transferir a administração para profissionais externos e a preparar o seu papel no conselho de administração, constituído com o propósito de abrigar a nova estrutura. A decisão foi tomada pela terceira geração (netos do empreendedor). Àquela altura, a empresa faturava US$ 35 milhões e possuía 1,7 mil funcionários.

Fonte: *Folha de S.Paulo*, 25/12/1991.

Uma Muralha da China para separar o caixa da empresa e o da família

O empreendedor estabelece um limite de gastos no orçamento, assim como todos os participantes de uma empresa familiar. O grande problema surge quando a tesouraria não tem mais controle do que se gasta. Nesse momento, o caixa da empresa passa a ser o caixa da família e esse é o primeiro passo para a derrocada do negócio.

É o exemplo da família proprietária de uma rede de restaurantes que nunca dava lucro. Ainda que as contas indicassem que os restaurantes deveriam gerar resultado, na prática não era o que ocorria. Um consultor chamado para avaliar o negócio constatou que a família, que teve uma grande surpresa, era a única responsável pela ausência de lucro. Ao convidar amigos e promover festas nos restaurantes, desgastava o caixa sem se preocupar em repô-lo. Caso semelhante é o da empresa de transporte em que todos os carros da família são consertados nas dependências da sua oficina.

Além de diminuir o lucro, as despesas geradas pela família têm efeitos sobre os administradores profissionais do negócio. A ausência de resultados é, em muitos casos, suficiente para que os profissionais sejam mal remunerados e se sintam desmotivados. As melhores práticas de governança familiar indicam que, para evitar desgastes como estes e manter o negócio saudável, é fundamental que as contas sejam totalmente separadas. Essa divisão permite que a empresa tenha vida própria e seja analisada e administrada sem a influência das questões familiares. Ao mesmo tempo, permite que os executivos sintam-se mais parte do negócio e possam contar com algum tipo de remuneração variável sobre os resultados que proporcionam.

Avaliação de performance e controles internos

Índices de performance são ferramentas adequadas para as famílias que tenham por princípio analisar objetivamente a evolução do seu negócio. Cabe aos detentores do capital oferecer aos administradores responsáveis pelas métricas de performance todas as condições de independência para a produção de números precisos e confiáveis, ainda que, em alguns casos, contrários às expectativas da família.

Os riscos da "contabilidade criativa" têm sido objeto de intensa discussão em empresas de controle familiar. Temerosos de apresentar números que não atendam às expectativas dos sócios, executivos podem tender a fabricar valores não condizentes com a realidade da empresa e a inviabilizar iniciativas que solucionem essas questões a médio e longo prazos.

Demonstrações contábeis bem preparadas e confiáveis são a melhor alternativa para uma empresa controlar sua performance. Nesse sentido, os detalhes de rubricas de custos e despesas são fundamentais para que se tenha a fotografia real das saídas de recursos e da apropriação ou não de lucro.

O mesmo procedimento deve ser adotado para as receitas. Quanto mais detalhadas conforme a origem, melhor para que se compreenda as condições de mercado enfrentadas e os resultados de estratégias empresariais implementadas. E acrescer aos demonstrativos uma avaliação patrimonial sistemática é ainda uma forma de avaliar se a evolução patrimonial atende ou não às expectativas de retorno dos donos do negócio. Os números são também uma forma de certificação da eficácia de estratégias adotadas, tomando-se sempre por princípio básico a geração de resultados. Empresas familiares que valorizaram exclusivamente a sua participação no mercado, desdenhando os resultados financeiros, por exemplo, sentiram perdas patrimoniais irrecuperáveis.

As demonstrações financeiras têm também o papel de disseminar informações para os sócios da empresa, principalmente os não relacionados à gestão. É fundamental que todos os acionistas estejam bem informados do desempenho, inclusive para que se fomente o interesse e a disposição desses sócios para novas investidas de capital em momentos necessários. *Accountability*, ou seja, a prestação de contas é um dever dos sócios mais relacionados à gestão e que jamais deve ser substituído por sistemáticas mais informais e baseadas na confiança entre os familiares. Ao contrário, confiança é o grande benefício de uma política transparente e responsável de prestação de contas.

O fiscal das contas e dos riscos

O contador é uma figura interessante dentro de uma empresa familiar. Talvez ele seja a única pessoa dentro da companhia que realmente conhece os negócios da família, e mesmo assim, normalmente está fora da estrutura hierárquica da empresa. Sua posição, na realidade, depende da sua capacidade de conviver bem com a família, social e profissionalmente.

Na maioria das empresas, salvo raras exceções, os contadores não ocupam cargo de diretor. Esse é um fato muito interessante, dado que eles são responsáveis pelo imposto de renda da pessoa física e da pessoa jurídica, normalmente trabalham junto aos auditores para achar soluções e são os únicos profissionais da estrutura que têm um cargo de confiança efetivo.

Outro fato a merecer destaque é que a relação de poder de um contador com o empreendedor caracteriza-se pela cumplicidade. Tal cumplicidade tem, inclusive, em alguns casos, se tornado mais importante que a competência, o que também não é desejável.

Como qualquer outro executivo que trabalha em uma empresa familiar, o contador tem de avaliar a análise de risco. Não são somente os riscos relacionados ao negócio, mas também o risco patrimonial e o estrutural do negócio.

Malabarismos para equilibrar técnica e emoção

Além de ter de trabalhar com modelos contábeis objetivos e transparentes, o executivo de uma empresa familiar tem o desafio de gerenciar todas as questões emocionais relacionadas. As normas sociais, por exemplo, são de grande importância para um executivo familiar. O seu relacionamento com os funcionários, a forma de se comunicar e de se relacionar com os valores e a cultura familiares são definitivos para a sua carreira na empresa.

Nesse sentido, detalhes que não costumam extrapolar a esfera da vida pessoal do executivo podem influenciar a maneira como é visto pelos sócios. Ser divorciado ou não, por exemplo, pode vir a ser um ponto negativo se isso significar instabilidade aos olhos da família. O mesmo pode acontecer em relação à sua maneira de se vestir, seu corte de cabelo, sua preferência por usar ou não barba etc. Cabe ao executivo de uma empresa familiar ser, além de profissional, compatível com os valores e princípios dos familiares que estão no controle.

Adaptar-se às redes de relacionamento envolvidas na gestão familiar é outro desafio para os executivos. Afinal, entre um filho e um gerente, entre um gerente e um primo, as chances do filho e do primo virão sempre em primeiro lugar. É preciso aceitar também ser "julgado" mais vezes do que "avaliado" e, de certa forma, com base em critérios puramente subjetivos.

Na pauta de julgamentos dos executivos, um dos itens freqüentemente apontados é sua capacidade de integração na equipe, ou seja, seu relacionamento interpessoal. Cabe ao executivo integrar-se à família para se sustentar no cargo, conhecendo claramente os limites dessa integração. Tantos pré-requisitos explicam os motivos pelos quais os executivos encontram dificuldades em obter sucesso nos grupos familiares.

Quando as emoções têm a supremacia

Questões emocionais influenciam até mesmo as decisões sobre o treinamento dos profissionais que atuam na empresa. Cabe ao empreendedor, por exemplo, decidir se desloca recursos da empresa para especializar o filho que o sucederá ou se utiliza os mesmos recursos para treinar executivos.

O grande número de decisões empresariais, tomadas a todo tempo, também passa pelos aspectos emocionais. Sugerir ao empreendedor que sejam feitas demissões para ajustar os custos da empresa ao seu fluxo de caixa é algo que pode exigir enorme cuidado de um executivo. Certamente, o controlador da empresa analisará, além dos aspectos técnicos, todas as questões emocionais relacionadas às demissões, o que elas representariam para a sua imagem pessoal ou mesmo para o seu sonho de um grande negócio.

Outro exemplo é o caso de um comércio em que o dono detém a propriedade de quatro ou cinco lojas, mas nem todas obtêm lucro. A solução mais inteligente, pelo menos do ponto de vista gerencial, poderia ser fechar a loja que não estivesse dando lucro. Mas isso não é tão simples. Suponha que a mãe do dono é responsável pela administração do caixa dessa loja ou que tenha sido aquela a primeira loja do empreendedor. Em situações como essa, é comum o dono estar disposto a pagar um determinado valor por ano somente pelo capricho de ainda continuar sendo proprietário da loja ou de manter a felicidade da mãe. Ou seja, isso faz parte do seu lucro pessoal e não do resultado contábil.

Relacionando-se com os *stakeholders*

A cadeia produtiva e comercial de uma empresa familiar passa simultaneamente pelos interesses individuais de todos os envolvidos, conforme mostra a próxima figura:

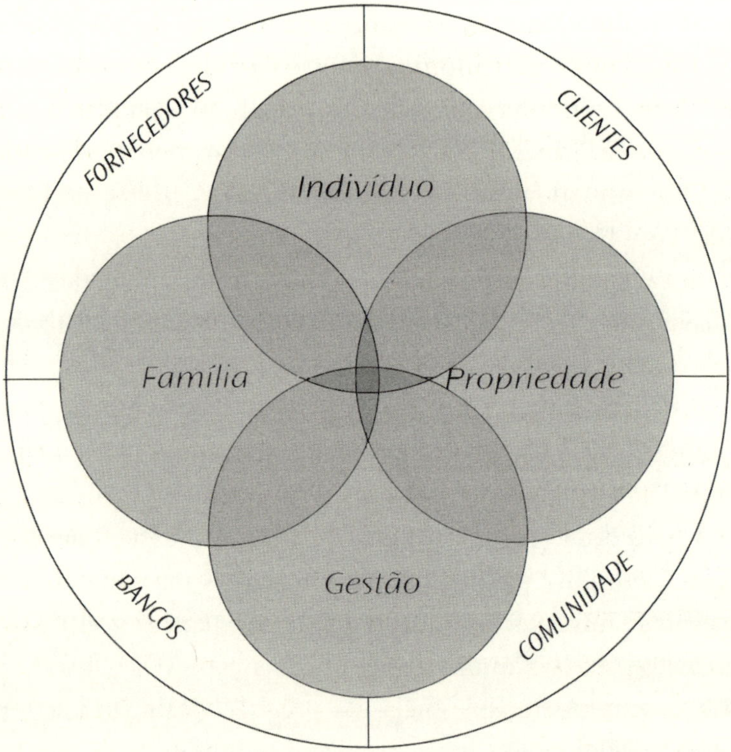

Figura 3.7 - Interdependência entre os mundos de família e negócios.

A figura busca demonstrar a importância da simultaneidade da relação interna da empresa com o mundo externo. É somente por meio dessa integração que se pode assegurar a perpetuação da empresa familiar e de suas relações com o mercado de capitais e instituições financeiras. A sucessão, quando vier, deve levar em consideração a obrigatoriedade de se assegurar o cumprimento das obrigações assumidas e de se preservar um bom relacionamento com os agentes financeiros.

O mercado quase sempre avalia uma empresa como o reflexo da imagem do controlador, o que normalmente gera desconfiança e implica riscos mais elevados para o negócio. Um fornecedor, por exemplo, fornece para quem? Para o empreendedor, para a família ou para a empresa? O fornecedor fornece para a empresa, mas é muito importante estar atento à relação que se estabelece nesse momento porque, muitas vezes, há uma mistura do patrimônio da pessoa física com o patrimônio da pessoa jurídica.

Em uma economia regional, a relação de prioridades tem forte componente informal. É a típica situação em que o empreendedor pensa: "Eu vou ajudar aquele meu amigo que um dia também me ajudou. Vou providenciar uma entrega mais rápida para ele". A informatização das compras tende a reduzir a possibilidade de interferências como essas, mas é fato que elas vão continuar existindo por mais algum tempo.

Bancos tendem a ter muitos problemas com empresas familiares. Como já citado anteriormente, os balanços não são confiáveis. No Brasil, há ainda o agravante de existirem vários tipos de balanços, um para cada objetivo: balanços gerenciais, patrimoniais e fiscais, por exemplo. Em uma empresa pouco comprometida com a divulgação de informações, a diversidade de balanços pode se tornar um pretexto para confundir e acabar influenciando negativamente a própria família. A transparência e a precisão das informações são essenciais para manter a confiança entre os membros da família e a harmonia em torno do negócio.

Os riscos da simultaneidade

Na figura anterior nota-se especificamente a complexidade do processo decisório na medida em que um empreendedor tem sob sua égide numerosas funções: como empreendedor, deve priorizar as tarefas de criação e a busca de novas oportunidades; como gestor (gerente e funcionário simultaneamente), deve se ater às boas práticas de gestão; como membro da família, deve assegurar a qualidade de vida dos seus familiares.

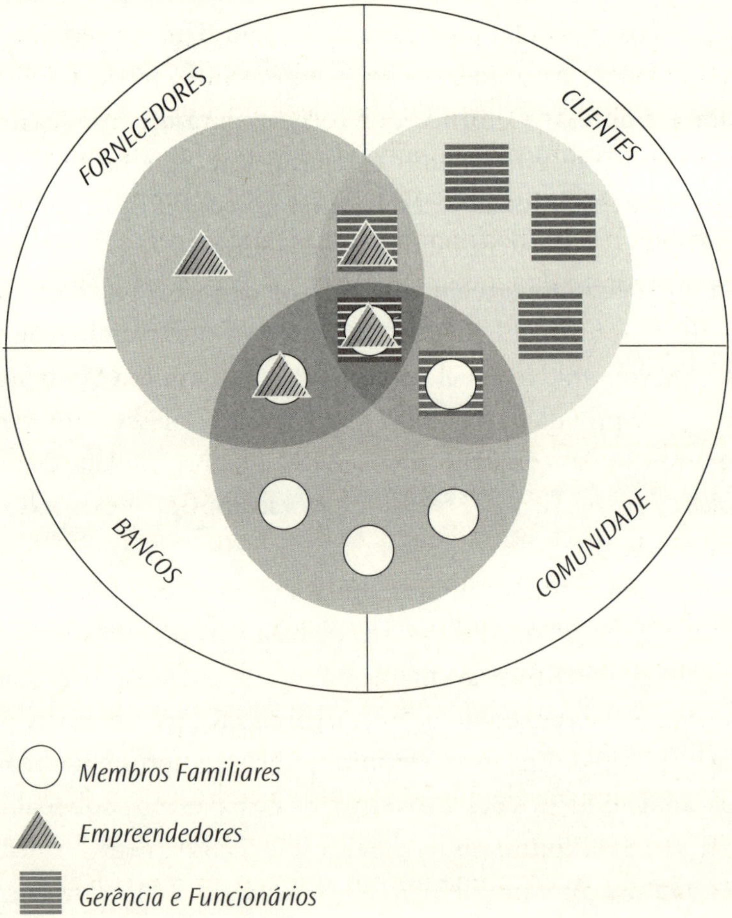

Figura 3.8 - Riscos da simultaneidade.

=> Essas múltiplas facetas geram os assim denominados **Riscos da Simultaneidade.** O empreendedor fica dividido entre os muitos papéis que lhe cabem: planejar o futuro da empresa, desenvolver estratégias, analisar formas de captação de recursos, planos de investimentos, riscos etc., sempre considerando, ao mesmo tempo, as expectativas familiares e a segurança do patrimônio familiar. Nesse complexo sistema de pressões externas, uma decisão empresarial pode não ser a melhor decisão gerencial, mas sim aquela que equilibra todas as expectativas envolvidas.

Com certa freqüência, empreendedores acabam preterindo decisões gerenciais em favor de questões emocionais. Um exemplo é o excessivo investimento em atividades comunitárias, muitas vezes em detrimento do investimento no próprio empreendimento, com vistas a obter o reconhecimento na sociedade. O preço dessa dedicação é o abandono da família e da empresa e, portanto, riscos maiores de fracasso.

Responsabilidade social

Apesar do risco mencionado, é cada vez mais comum empresas se envolverem com projetos sociais e buscarem levar benefícios à comunidade. Inclusive empresas familiares estão se mostrando mais participativas nesse aspecto, o que, muitas vezes, facilita seus relacionamentos comerciais e reforça sua imagem de empresa preocupada com o futuro do país. Esse é um ponto cada vez mais essencial e que não deve ser desconsiderado por aqueles que buscam modelos mais modernos de administração. O importante é avaliar corretamente até que ponto o investimento em questão proporciona, de fato, retorno à companhia e a seus acionistas.

O patrimônio familiar: gestão e contabilidade

O *Dicionário Aurélio da Língua Portuguesa* define patrimônio como um "complexo de bens, materiais ou não, direitos, ações, posse e tudo o mais que pertença a uma pessoa ou empresa e seja suscetível de apreciação econômica".

A análise da constituição do patrimônio permite dividi-lo em patrimônio tangível e intangível. Por tangíveis, entendam-se todos os bens materiais e, por intangíveis, todos os ativos não contabilizados que contribuem, ainda que indiretamente, para a formação do resultado. Aí podemos incluir o conhecimento intelectual da família e dos executivos, os valores e a ética.

Um ativo que por vezes pode ser inadvertidamente somado ao patrimônio é o que se pode chamar de ativo imaginário. Trata-se de um bem que, embora real apenas na imaginação dos familiares, acaba muitas vezes servindo de "lastro" para desembolsos de caixa equivocados. É o carro de luxo do pai, por exemplo, que pode gerar para os filhos uma impressão de riqueza maior do que a realidade. Ativos como esses estão diretamente relacionados à falta de conhecimento das partes envolvidas sobre o patrimônio familiar e à percepção de valor e patrimônio a partir de símbolos e não de fatos.

A combinação dos ativos e passivos tangíveis e intangíveis determina a "qualidade de vida" da empresa e da família, suas definições estratégicas e diretrizes de atuação. Um interessante exercício societário é elaborar um balanço patrimonial avaliando os ativos e os passivos intangíveis. Uma das funções primordiais do conselho de família e do fórum de acionistas é buscar constantemente a maximização dos ativos e a solução dos passivos.

Exemplo:

Ativo Qualitativo	Passivo Qualitativo
• Relacionamento entre pais e filhos • Educação formal dos membros da família • Governança familiar estruturada • Regras predefinidas • Estruturas de proteção definidas	• Conflitos entre irmãos • Missão da família inexistente • Imagem familiar distorcida • Falta de mecanismos para dirimir dúvidas e conflitos
	Patrimônio Qualitativo
	• Positivo quando capaz de eliminar os passivos • Negativo quando incapaz de eliminar os passivos

Quadro 3.1 - Modelo de balanço qualitativo.

Os desafios de um mundo novo

Novidades trazidas pela globalização atingiram as empresas familiares de diversas formas. Em um ambiente marcado pela competição, temas como redução de custos, especialização das linhas de produção, estabilidade e controles internos de qualidade passaram a compor as regras do jogo. Com a nova ordem, coube às empresas adequar suas estruturas e buscar métodos cada vez mais apurados de administração empresarial, controles eficazes do capital financeiro, novas tecnologias, baixos custos de produção, mão-de-obra qualificada etc.

Para as empresas familiares, trata-se de um mundo novo, repleto de oportunidades e ameaças. Com novos padrões de fronteira alfandegária, elas ganharam mercados em diversos países e o desafio de se habilitar para modelos de transações comerciais ainda nunca experimentados. A capacidade de obter e gerar capital também aumentou, com possibilidades cada vez mais variadas de captações nos mercados externos. É o mundo passando por redefinições e levando consigo as tradições dos grupos familiares.

Além de revolucionar o ambiente econômico das empresas, tais ameaças e oportunidades tiveram efeitos sobre as famílias. Estas deixaram de se relacionar apenas com a sociedade que as cerca para lidar com agentes que as desconhecem. Elementos que antes abriam portas para determinadas negociações ou facilitavam contatos tornaram-se irrelevantes no mundo frio do comércio global.

Neste novo cenário, coube à empresa familiar rever sua missão e adequá-la ao contexto internacional. Felizmente, há uma gama de exemplos de empresas que compreenderam rapidamente esse desafio e o superaram com reconhecida eficiência, entre elas empresas das famílias Gerdau (aço), Diniz (comércio), Villela e Setúbal (financeiro) e outras tantas famílias que trouxeram para o Brasil franquias de sucesso e produtos até então indisponíveis no mercado nacional.

Para enfrentar este mundo despersonalizado e de riscos multiplicados, empresários tiveram de rever suas expectativas e redefinir conceitos de propriedade e gestão. Aqueles que assimilaram rapidamente as regras do jogo estabeleceram parcerias técnicas e comerciais, abriram o capital, constituíram *joint ventures*, modernizaram processos e qualificaram riscos.

Ao mesmo tempo, outros empresários optaram por se defender da globalização alienando seus negócios e protegendo o patrimônio familiar. Preferiram a alternativa de minimizar os riscos que a globalização impunha.

4ª PARTE

ASPECTOS PRÁTICOS DE GOVERNANÇA FAMILIAR

Um alerta

O objetivo desta última parte é apresentar ferramentas que permitam estudar os mecanismos que compõem a estrutura de governança familiar. Em razão do grande número de variáveis envolvidas, certamente não existem receitas predefinidas que assegurem a perfeita governança numa empresa familiar. Alguns quesitos, contudo, devem estar presentes em todas as empresas.

O concerto musical serve de analogia para ilustrar a governança familiar. Maestro, músicos e platéia partem de uma mesma partitura, mas o espírito criativo, as emoções e a acuidade técnica na execução transformam o momento em algo maravilhoso para todos. Os mecanismos de governança familiar são como a partitura da obra. O sucesso da sua aplicação depende do talento e do envolvimento de todos, da inspiração e da vontade de exceder.

Elementos de análise de governança familiar

A análise sistemática exige a divisão da empresa familiar em quatro grandes grupos: Família, Empresa, Patrimônio e Indivíduo.

Família

Valores: são a base que norteia a atuação da família. Exprimem o senso de justiça, respeito pelos participantes, ética e moralidade. Devem ser freqüentemente reestudados e redefinidos para benefício de todos e, principalmente, das gerações subseqüentes.

Missão: habitualmente confundida com a missão da empresa é de fato o racional porque de sua existência, entre as afirmações de missão que buscamos avaliar na empresa familiar é a realização de que a mesma esta para si como provedora de apoio material e emocional para seus participantes. Responsabilidade Social, por seu turno, é uma parte integrante da missão de famílias bem-sucedidas, e a proliferação de fundações e institutos demonstra essa consciência em nossa sociedade.

Código de Ética: ou código de conduta, formaliza o que é e o que não é permitido na família. As relações com os familiares por opção, a responsabilidade pelos herdeiros e os limites de atuação e representatividade, por exemplo, podem compor o código.

Protocolo de Relacionamento: como todo protocolo, este deve ser um texto formal demasiadamente discutido e avaliado, ao qual a família pode recorrer em situações de crise. Exemplo tradicional é o papel da família em assuntos como separações, desemprego ou mesmo temas mais complexos como dependência química.

Relacionamento entre as Gerações: as gerações que fazem a história de uma empresa familiar devem cultivar o respeito e o devido reconhecimento umas às outras. O elo com as gerações passadas e suas realizações afirmam o comprometimento da geração atual com a história da empresa e seu futuro.

Funções Definidas: todo agrupamento social requer que seus integrantes tenham determinadas funções. Os pais têm a função de educar, os filhos a de questionar, e assim por diante. Para a construção de uma governança familiar saudável, contudo, é fundamental a compreensão dos limites das funções de cada um para assegurar a harmonia entre todos.

Expectativas Bem Esclarecidas: conflitos de expectativas desestabilizam a família e podem prejudicar os negócios. É preciso saber lidar com as expectativas individuais e coletivas inerentes a uma empresa familiar, evitando afastamentos e brigas ocasionados por frustrações e mal-entendidos.

Empresa

Valores: são o reflexo dos valores da família e dos demais colaboradores da empresa. Esses valores possuem personalidade própria e são diferentes dos valores da família.

Missão: além de atender à família, a missão da empresa é uma declaração ao mercado do porquê da existência da empresa.

Estruturas Jurídicas Compatíveis: a estrutura jurídica da empresa – companhia aberta, fechada, sociedade anônima ou limitada – deve levar em conta as escolhas feitas pela família e pela sociedade. Se a família valoriza a transparência e a prestação de contas, por exemplo, faz mais sentido abrir o capital do que manter a empresa como limitada.

Políticas: para a boa governança é fundamental que as políticas sejam claras. No caso das empresas familiares, é importante haver uma política transparente de participação dos integrantes da família na gestão para que os profissionais contratados tenham segurança em relação a suas perspectivas de carreira. A própria remuneração do trabalho, distinta da remuneração do capital, deve ser condizente com a capacidade de geração de recursos da empresa e com o plano de carreira do funcionário.

Patrimônio

Patrimônio: é a somatória da família, da empresa, dos bens materiais e dos bens imateriais. Sua administração deve estar separada da gestão empresarial.

Patrimônio Tangível: a estrutura do patrimônio tangível deve assegurar a sua continuidade. Se a linguagem de uma instituição medieval, o TRUST, for utilizada, nota-se que existe uma clara separação entre a "propriedade nua" e a "propriedade beneficiária". A "propriedade nua" representa o bem em si e a "propriedade beneficiária" (ou seja, o benefício propriamente dito) é o objeto de administração. Cabe ao criador do patrimônio determinar como seu patrimônio deve beneficiar os seus herdeiros. Mesmo em uma estrutura na qual o direito à herança é regulado por lei, não se deve abdicar dessa prerrogativa.

Sucessão: apesar das dificuldades, é melhor administrar a sucessão do que a deixar à mercê da sorte. Depois de ter capitaneado a criação patrimonial, o empreendedor encontra seu próximo grande desafio no momento da transição. Uma família comprometida com a sua perpetuação é capaz de definir regras que, mesmo flexíveis, não perdem a validade por estarem baseadas em valores e não em casuísmos.

Política de Controle de Risco: uma boa política de controle de riscos é importante para que se tenha a preservação do patrimônio. Riscos externos, muitas vezes incontroláveis, não devem servir de desculpa para a ausência de uma política interna de risco. A falta desses controles pode levar à limitação indevida dos investimentos e da distribuição de rendimentos.

Indivíduo

Cabe ao indivíduo se comprometer com a família, com a empresa e com o patrimônio comum. Contudo, quando não existe esse comprometimento, é melhor assegurar mecanismos de separação, acompanhados do devido ônus do isolamento, do que obrigar a permanência na empresa. É direito de cada indivíduo buscar a sua realização pessoal.

Equacionar o individualismo e o coletivismo é, possivelmente, um dos aspectos mais difíceis de qualquer processo de governança familiar e empresarial. Aqui cabe o ditado popular: "membros de uma família se unem à empresa familiar quando confiam na família e a abandonam quando esta confiança é perdida".[1]

Família	Empresa
• Valores • Missão • Código de ética • Relacionamentos familiares (Protocolo de relacionamento) • Relacionamento entre as gerações • Regras preestabelecidas • Funções definidas • Expectativas bem esclarecidas	• Valores • Missão • Estruturas jurídicas compatíveis • Acordo de acionistas • Políticas relativas aos familiares quanto à entrada, saída, atuação e remuneração • Plano de carreira para os familiares • Sucessão operacional predeterminada
Patrimônio	**Indivíduo**
• Tangível estruturado • Intangível dimensionado • Proteção jurídica • Políticas de utilização acordadas • Sucessão definida e encaminhada • Política de risco e investimento determinada	• Compromisso com a família, empresa e patrimônio assumido • Expectativas bem dimensionadas • Definições pessoais claras e transparentes • Funções compreendidas • Relacionamento com os demais familiares equacionado

Este rol de elementos da governança familiar é indicativo e não representa a totalidade dos itens a ser analisada.

Quadro 4.1 - Elementos de análise de governança familiar.

1. Apud MALLEY JR., Michael J. *Empresa familiar: Como trabalhar com a sua família e ainda aproveitar um jantar de Domingo.* São Paulo, Ibecon, 1987.

Dennis Jaffe diz que a função primordial da família é criar um sistema de suporte emocional enquanto que a da empresa é a produção de resultados tangíveis.[2] Essa separação permite que se compreenda melhor a função da governança familiar (patrimonial) e da governança empresarial.

Um estudo de caso

A compreensão da dinâmica de uma empresa familiar e de sua governança só é apreendida com a análise de seus principais aspectos.

A seguir, apresenta-se um caso fictício com uma série de eventos que permeiam a empresa familiar.

"A família Rossi e sua Aventura Empresarial"[3]

A família

O mar está calmo e o sol brilhante. A temperatura neste início de inverno está amena. O enorme transatlântico atraca no porto de Gênova impressionando o pequeno Carlos. Poucas horas depois de terem chegado ao cais, Carlos e seus pais, Ana e Marques, apreciam no horizonte as últimas imagens de um continente que, durante décadas, significou o lar e o sustento de seus pais e avós. Para os Rossi, aquela silhueta representava um mundo que, apesar de conhecido, escondia as dificuldades crescentes de uma Europa destruída pela guerra, em meio a uma situação econômica que não lhe permitia vis-

2. JAFFE, D. T. *Working with the ones you love*. São Francisco, Conari Press, 1991.

3. O caso foi elaborado pelo autor para ser analisado como exemplo envolvendo elementos de diversas famílias, mas mantendo como base um caso único. Os dados são significativos e têm efeito didático.

lumbrar um futuro tranqüilo. Após muito refletir, resolveram aceitar o convite do tio para se juntar ao resto da família no Brasil.

Algumas semanas mais tarde, Carlos e seus pais chegam ao Brasil. O ano é 1926, e Carlos celebra seu terceiro aniversário já entre os primos.

O Brasil vive uma fase de estagnação, o crescimento industrial de 1929 até 1932 é de apenas 1%. Nesses primeiros meses, Marques trabalha na cantina do tio, mas sonha com seu próprio negócio. Com muito esforço, em 1933, junta algumas economias e, com a participação do tio Giuseppe, consegue financiar o seu estoque, decide alugar uma loja e instala um comércio de alimentos. Para a família Rossi, felizmente o Brasil retoma seu crescimento, a ação protetora do Estado proporciona um crescimento significativo e o pequeno comércio prospera. Carlos já divide a casa com os gêmeos, Jorge e Mariana.

Em 1938, Marques contratou para ajudá-lo um jovem imigrante, Paulo, recém-chegado da Europa. Desde então, Paulo participou ativamente de todas as atividades da empresa e, para Marques, logo se tornou um homem de confiança, ao qual delegou diversos aspectos importantes de empresa. Em 1952, Marques concedeu a Paulo 5% das ações por acreditar que esta era a melhor forma de mantê-lo motivado na empresa. Paulo tem quatro filhos e, segundo as más línguas das senhoras do bairro, viaja demais, inclusive nos finais de semana.

Os anos se passaram. Marques vê seu esforço coroado de êxito e entra na década de 1950 buscando alternativas para crescer. Decide ampliar o seu empreendimento transformando-o em um comércio atacadista de alimentos e aproveita a sua primeira viagem à Europa para fazer contato com empresas do setor alimentício. Na Europa, estabelece vínculos que, no futuro, lhe permitirão criar um setor de importação.

Desde a infância Carlos participa ativamente da empresa do pai, sempre muito interessado por todos os aspectos comerciais. Decide não estudar e se dedicar de corpo e alma a desenvolver os negócios e gradativamente assumir responsabilidades no empreendimento. Carlos casa com Rita, filha de imigrantes italianos, e rapidamente tem o primeiro filho. Em compensação, Jorge cursa a faculdade de engenharia e Mariana decide estudar psicologia.

Com o desenvolvimento industrial do final da década de 1960, Marques enxerga novas oportunidades. Volta à Europa para buscar tecnologia e adquire uma máquina italiana para produzir massas. Jorge, com 28 anos, após ter se formado em engenharia, ter feito estágios em algumas empresas e trabalhado em uma empresa multinacional na área de planejamento econômico, decide entrar na empresa do pai e rapidamente realiza sua vocação técnica. Nesse mesmo período se casa com Renata, filha de industriais de origem suíça radicados em Indaiatuba. Participa ativamente da construção da fábrica e trás para a empresa os primeiros conhecimentos de sistemas de controles. Mariana já está casada com Silvio, especialista em finanças e alto executivo de uma subsidiária americana.

Em 1970, Carlos é pai de Marcelo e Juliana, respectivamente com as idades de vinte e dezoito. Ambos cresceram na empresa do avô. Jorge é pai de três filhos, Alberto, Marcela e Rodrigo, respectivamente com dezessete, quinze e doze. Mariana teve uma filha que faleceu prematuramente e decidiu não ter mais filhos. Com o apoio do pai e incentivados pelo otimismo do cunhado, os irmãos decidem investir no crescimento do parque industrial e compram um terreno na área de Jundiaí. Em 1974, inauguram uma fábrica moderna e competitiva. Nesse mesmo ano, Marques, por problemas de saúde, se retira da empresa. Carlos e Jorge, com o apoio de Paula, assumem a direção dos negócios. Em 1976, Marques falece e Silvio sofre um acidente fatal.

A empresa

ROSSI COMERCIAL IMPORTADORA E INDUSTRIAL LTDA. dedicou-se desde a sua fundação ao ramo alimentício. Iniciou suas ati-

vidades com um pequeno comércio de alimentos no bairro de Santana, em São Paulo. Sua composição societária foi assim constituída: Marques 50%; Ana 40% e Giuseppe 10%.

Em 1952, Marques comprou a parte de seu tio e presenteou Carlos com 5% das ações como reconhecimento por seus anos de trabalho. Até o falecimento de Marques, nenhuma alteração ocorreu nas participações societárias.

O espírito empreendedor de Marques, sua habilidade de reconhecer oportunidades e sua força de trabalho sempre foram essenciais para o desenvolvimento do negócio. Os fornecedores rapidamente reconheceram em Marques um homem sério e íntegro. O mercado confiou na qualidade dos produtos comercializados e sustentou o crescimento da empresa. Carlos, por sua vez, aprendeu com o pai e tinha por ele um profundo respeito. Durante os anos contentou-se em ser seu seguidor.

O crescimento da empresa foi paulatino, de modo que os bancos nunca tiveram motivos para questionar seus empréstimos e financiaram de bom grado o seu crescimento.

Marques nunca deu um passo que pudesse por em risco o patrimônio duramente conquistado. O desenvolvimento industrial da empresa foi obtido com recursos próprios e aproveitando as linhas de crédito subsidiadas disponíveis na época.

Com o falecimento de Marques houve uma alteração substancial nas participações societárias, ficando Ana com 65%, Carlos com 13,33% e Jorge e Mariana com 8,33% cada um. Paulo continua ativo e participa do capital da empresa com 5%. Marques não deixou nenhum acordo societário determinando o processo gerencial.

A morte de Marques marcou a entrada formal de Ana e Mariana na empresa, de maneira que o processo decisório passou a contar com a presença de todos os acionistas majoritários.

De 1976 até o presente momento, a empresa sofreu inúmeras crises decorrentes dos fatores externos: planos econômicos, alterações na política cambial e na política de incentivos. A nova composição socie-

tária determinou mudanças no processo gerencial que alteraram a forma de atuação da empresa.

Em 1980, Paulo faleceu e suas ações foram herdadas por sua família. A expectativa da família era continuar a tradição de empresa familiar. Gradativamente, Alberto, Marcela, Marcelo e Juliana envolveram-se nas atividades da empresa.

Em função das dificuldades de negócio e da estrutura familiar, Ana resolve criar um Conselho Consultivo com o objetivo de transformá-lo, dentro de pouco tempo, em um Conselho de Administração.

Para facilitar o início das atividades do Conselho, Ana decide contatar um instituto ou governança corporativa a fim de liderar o processo para elaborar um curso interno de capacitação para os conselheiros da família e assim preparar os membros da família a assumir uma função efetiva de conselheiros. Além de Ana (formalmente a Presidente do Conselho), todos os membros da primeira geração da família participam do Conselho.

Foram convidados os seguintes conselheiros:

Dr. Fabio Loyola, *renomado advogado societário e amigo da família desde a década de 1970. Sua missão no Conselho: redefinir a estrutura societária considerando a entrada da nova geração e os anseios dos acionistas.*

Ricardo Sampaio, *especialista em finanças. Além do conhecimento que possui em sua área, atuou durante alguns anos no ramo alimentício e numa cadeia de varejo. Sua missão é propor soluções operacionais para a empresa.*

Julio Cláudio *é o fiel escudeiro dos Marques e representa os acionistas. Ocupa também temporariamente a posição de Superintendente da empresa.*

Análise do caso

O primeiro ponto de análise de uma empresa familiar é a cronologia.

Cronologia

1926 – Nasce Carlos
1929 – Imigração para o Brasil
1931 – Jorge e Mariana nascem
1933 – É fundada a Rossi
1938 – Paulo entra na empresa
1950 – Nasce Marcelo (filho de Carlos)
1952 – Nasce Juliana (filha de Carlos)
1952 – Paulo recebe 5% das ações; Carlos recebe 5% das ações
1953 – Nasce Alberto (filho de Jorge)
1955 – Nasce Marcela (filha de Jorge)
1958 – Nasce Rodrigo (filho de Jorge)
1968 – Marques adquire uma máquina na Itália
1970 – Compra do terreno de Jundiaí
1974 – Inauguração da fábrica de Jundiaí
1974 – Marques se retira da empresa
1976 – Marques e Silvio falecem

Estrutura de capital

Na fundação da Rossi nota-se que o capital está dividido entre o casal, que detém 90%, e o tio, que possui 10%. Imigrante de sucesso, o tio transfere ao casal a credibilidade que possuía entre clientes e fornecedores. Com o desenvolvimento da empresa, sua participação não se faz mais necessária e o empreendedor sente que deve redefinir as participações acionárias de forma a contemplar, em um primeiro momento, seu filho, companheiro de luta, e um funcionário de confiança. A motivação, embora não declarada, leva em consideração os aspectos de gestão: valorizar os recursos humanos e indicar ao mercado o potencial de profissionalização da empresa. No falecimento do empreendedor, contudo, essa decisão cria uma estrutura societária na qual um estranho, por assim dizer, passa a ser fator determinante no processo decisório. A distribuição dessas participações pode causar, ainda no futuro, desigualdades entre os herdeiros de ações "doadas" e herdeiros pertencentes à família.

No caso em questão a estrutura do capital se desenvolveu da seguinte maneira:

Capital inicial:

Marques 50%; Ana 40% e Giuseppe 10%.

Capital intermediário:

Marques 50%; Ana 40%; Carlos 5% e Paulo 5%.

Capital ao falecimento do empreendedor:

Ana 40% + 25% = 65%; Carlos 8% + 5%= 13,33%; Jorge 8,33%; Mariana 8,33% e Paulo 5%.

Capital no falecimento do colaborador:

Ana 65%; Carlos 13,33%; Jorge 8,33%; Mariana 8,33%; Esposa de Paulo 2,5%, e cada filho (4) de Paulo com 0,625%.

Capital na segunda geração:

Carlos passa a ter 35%, Jorge 30% e Mariana 30%.

Capital na terceira geração:

Os filhos de Carlos 17,5% e os filhos de Jorge 10%.

(Fica a incógnita sobre o que Mariana decidiu fazer com a sua participação acionária Possivelmente, houve uma divisão eqüitativa entre os sobrinhos de forma que os mesmos passaram a ter respectivamente 23,5% e 16%.)

Se, para efeito de estudo, cada um dos filhos de Carlos e Marques também comprasse eqüitativamente a participação dos filhos de Paulo, concluir-se-ia que ao final:

Marcelo teria 24,5%
Juliana teria 24,5%
Alberto teria 17%
Marcela teria 17%
Rodrigo teria 17%

Nessa hipótese, nota-se com facilidade que o grupo de Carlos passa a ser minoritário com 49% e o de Jorge majoritário, com 51%, mas que nenhum acionista individualmente controla a empresa. Essa falta de controle obriga a criação de blocos societários para uma gestão efetiva.

A nova estrutura de capital nos leva a um ensinamento prático de que o sucesso da empresa familiar se deve, em grande parte, à capacidade de prever as mutações patrimoniais futuras. Marques possuía muitas características empreendedoras. Buscou melhorar de vida imigrando para o Brasil, lutou para progredir, mas se esqueceu de sua própria mortalidade. O preparo do sucessor limitou-se à entrada de um dos filhos na gestão, sem o envolvimento da filha. Ele apostou que o outro filho também levaria a empresa adiante, mas não criou regras sucessórias nem definiu parâmetros para isso.

A solução encontrada por Ana para assegurar a continuidade da família como empresa foi trazer para a gestão profissionais de confiança e com os conhecimentos necessários. Assim, criaram-se o cargo de superintendente e o conselho de administração.

Nesse ponto surge a falta de um Conselho de Família e de um projeto de preparação da terceira geração para assumir a empresa. Pode-se concluir, portanto, que o risco de não-perpetuação do negócio nas mãos da família será cada vez maior com o decorrer do tempo.

Uma palavra quase final

Um livro que trata de governança familiar não pode e não deve apresentar uma conclusão. Afinal, o tema é inesgotável e por isso não cabe em uma ciência exata. Trata-se de uma experiência que precisa ser compreendida e analisada ao longo do tempo e dos fatos, pelo contínuo desenvolvimento do ser humano e pela transformação dos seus relacionamentos.

Compreender uma empresa familiar significa entender o papel de cada indivíduo da família e de seus funcionários e analisar a forma como contribuem para a evolução da gestão e do patrimônio. Nesse sentido este texto procurou auxiliar seus leitores a ampliar o espaço para discussão e avaliação das empresas familiares.

Uma palavra final

Na Idade Média, os estudiosos tinham o costume de deixar para seus herdeiros não somente um testamento relativo à propriedade mas também um testamento ético no qual eram expressos os seus conselhos para a nova geração. Nesse sentido, permitam-me compartilhar parte do Testamento de Eleazar de Maiença, descrito como um homem simples e do povo, falecido em 1357:

> *Eu peço sinceramente a meus filhos que sejam tolerantes e modestos com todos da mesma forma que eu busquei ser. Caso haja motivo de conflitos, sejam lentos em aceitar a discórdia, busquem a paz com todo o seu vigor. Mesmo que tenham perdas, perdoem, pois Deus tem muitas formas de nutrir e sustentar suas criaturas. Ao difamador, não retalie com ataques, e, mesmo que seja aceitável rebater acusações falsas, é desejável dar o exemplo de reticência. Vocês devem evitar emitir falsos conceitos, pois assim vão ganhar afeto. No comércio, sejam honestos, nunca tentando obter o que é de outrem. Evitando falsidades e a busca incontrolável de riquezas, certamente vão encontrar tranqüilidade e carinho. E contra todas as maldades, o silêncio é a melhor solução.*[4]

Deixarmos aos herdeiros e sucessores um testamento ético é deixarmos a eles o significado de sua propriedade, é assegurarmos a sua continuidade histórica, tangível e intangível.

4. Texto traduzido do livro *Hebrew ethical wills* de Judah Goldin.

Referências Bibliográficas

Livros que inspiram...

Apesar de esta obra não se propor a ser acadêmica em sua essência, alguns autores que muito contribuíram com textos, palestras e artigos para a compreensão do tema devem ser ressaltados. A esses estudiosos, o meu agradecimento pelo valioso conhecimento que produziram e deixaram à disposição de empreendedores, empresários, sucessores, executivos e estudiosos.

É importante ressaltar as publicações do Family Firm Institute e do Family Business Network, duas magníficas organizações dedicadas à empresa familiar e cujos trabalhos representam o que existe de melhor nesse universo.

Além dos títulos mencionados acima, contribuíram para a realização deste livro inúmeros artigos, publicações, conferências destes e de outros autores.

ABRAHAMS, I. *Hebrew ethical wills*. Filadélfia, The Jewish Publication, 1976.

ADIZES, I. *Os ciclos de vida das organizações*. 2.ed. São Paulo, Livraria Pioneira Editora, 1993.

BERNHOEFT, R. *Empresa familiar*. São Paulo, Ibecon, 1987.

BORK, D. *Family business, risky business*. Aspen, Bork Institute for Family Business, 1986.

BORK, D. et al. *Working with family business*. São Francisco, Jossey-Bass Publishers, 1996. (The Jossey Bass Management Series)

COHEN, N. J. *Self struggle & change*. Woodstock, Jewish Lights Publishing, 1995.

COHN, M. *Passando a tocha*. São Paulo, Makron Books, 1991.

DANCO, L. *Inside the family business*. Cleveland, The University Press Inc., 1980.

DAVIS, J. *The OMBI / Family business giries*. São Francisco, OMBI, 1993.

DYER JR., W. G. *Cultural change in family firms*. São Francisco, Jossey-Bass Publishers, 1986.

FRITZ, R. *Empresa familiar*. São Paulo, Makron Books, 1993.

GONÇALVES, S. C. *Patrimônio, família, empresa*. São Paulo, Negócio Editora.

HUGHES, J. E. *Family health: keeping it in the family*. Princenton, Network Inc., 1997.

IBRAHIM, A. B. et al. *Family business management*. Dubuque, Kendall/Hunt Publishing Company 1994.

JAFFE, D. T. *Working with the ones you love*. São Francisco, Conari Press, 1991.

LANSBERG, I. *Succeeding generations: realizing the dream of families in business*. Boston, Harvard Business School Publishing, 1999.

LEA, J. W. *La sucession del management en la empresa familiar*. 3.ed. Barcelona, Ediciones Granica, 1991.

LEACH, P. *The BDO stoy hayward guide to the family business*. 2.ed. Londres, Kogan Page Limited, 1994.

LODI, J. B. *O fortalecimento da empresa*. São Paulo, Pioneira, 1984.

MALLEY JR., M. J. *Empresa familiar: como trabalhar com a sua famíllia e ainda aproveitar um jantar de Domingo*. São Paulo, Ibecon, 1987.

MICHAEL J. O'MALLEY, Jr. *The family business*. Clifton, Family Business Dynamics, 1994.

ROSENBLATT, P. C. et al. *The family in business*. São Francisco, Jossey-Bass Publishers, 1990.

STONE, D. et al. *Difficult conversations*. Londres, Penguim Books, 1999.

VANCIL, R. F. *Passing the baton*. Boston, Harvard Business School Publishing, 1987.

VIDIGAL, A. C. Viva *a empresa familiar*. Rio de Janeiro, Rocco, 1996.

WARD, J. *Keeping the family business healthy*. São Francisco, Jossey-Bass Publishers,1987.